Road to BABYMETAL

光岡 明夫

Mitsuoka Akio

風詠社

目次

第Ⅰ部　僕の記憶と生活の中の音楽

第Ⅱ部　ベビーメタルとの遭遇

第Ⅲ部　ベビーメタル私論

装幀　２ＤＡＹ

第Ⅰ部　僕の記憶と生活の中の音楽

1　敗戦直後から小学校低学年の頃と音楽

僕は昭和二十一年夏に大阪市阿倍野区の五軒長屋の南端の家に生まれた。大変狭かったが持ち家だった。二、三畳ほどの玄関の間と四畳半と六畳の三カ所の畳の間があっただけだったが、猫の額のような前庭と奥庭は揃っており、便所は細くて短い板の廊下の先の奥庭の角にあった。両親と三人の姉と直ぐ上の兄のいる末弟だった。

真ん中の姉は僕の物心がつく前に、大津市にいる母親の長兄夫妻に乞われて養女として転出していた。この琵琶湖の畔の伯父の家には、僕が小学生の高学年になった時の数年は、夏休みの十日間くらい泊まり込んで自然のまだ残っている環境での生活を経験することができた。伯父は酒を愛して定職にはずっと就かずに、当時は鰻を獲って生活の糧の足しにしていた。夜間に粉砕したシジミを奥に詰めた竹を束ねた仕掛けを湖に沈めて、朝方に引き上げに出かけていた。ただ、実の子供が生まれなかった老夫婦の家計は、早くから働きに出た真ん中の姉が支えていた。すでに高齢だった伯父は時々行き来する僕をずっと孫のように可愛がってくれた。

僕の両親は明治生まれだったので、僕の生まれた時には母方の祖父や祖母と父方の祖父はとっくに死んでいた。父方の祖母は本家を継いだ父親の兄の家族と広島で同居していたが、たまに僕の生家にしばらく滞在していた。母親がその姑を怖れていたし疎んじていたのを僕は知っていたので、嫌な怖い人だという気持ちが植え付けられていて、布団の中に隠れるようにしていた。

生家の南側の一区画の民家の家並みの先は、野原や田畑が多かった。その一番手前に小さな池があった。この池の縁で独りで遊んでいた時に滑り落ちたことがあったが、偶然小父さんが通り掛かって助け上げられ、命拾いしたことがあった。

その後、母親は子宮癌の手術の予後が安定せずに阿倍野市民病院に長期入院した。そのドサクサに父親が生家を売ってしまった。治療費を必要としたということもあったのかもしれないが、連帯保証人になった近所のNさんに不都合があり、それをかぶったということがあったらしい。このNさんは母親同士の仲が好かったらしい。Nさんの家には僕と同じくらいの齢の男の子がいたと思う。彼のことは覚えていないが、その家の二階の窓には無花果の木が迫っており、その果実を取って食べたことがあり、実に嬉しかったことを覚えている。

道路を隔てて僕の家の対角線の位置にある老夫婦の家に数年の間、Hちゃんという孫が引き取られて住んでいた。同じ年頃のこのHちゃんが僕の一番の思い出になっている。しばしばHちゃんの家に遊びに行ったことを覚えているが、そのうちに名古屋の親元に戻ることになって、それっきりになった。その後は、同じ長屋の一番向こうの家の一歳下のTちゃんの家に遊びに行くことがあった。その家のところで犬に下腿を咬まれたことを覚えている。

その後、小学校は同じ組になったりして、中学生頃まではTちゃんと年賀状をやり取りしていた。


八年余のこの生家での生活が、僕の大切な原体験の記憶となった。僕の人生における「気持ちいい感じ」の原点は生家での次のような体験の中にある。五〜六歳の頃、夏の午後だった。狭い玄関の畳の間で、白いパンツを穿いているだけの姿で転寝をしていた僕は、表の方から流れてきた涼しい風に誘われたのか、ふと目が覚めた。玄関の戸は開け放たれていた。この清涼な風が皮膚を撫でていった皮膚感覚は長じても何度も鮮明に思い返すことができたし、そういう作業をすることが心地よかった。貧乏でもそれなりに楽しむことはできる。

生家から歩いて行ける距離には、早川電機本社や長居競馬場があった。最近ではシャープの名で知れている早川電機は最近まではここが本社だった。シャープの社史を読むと、早川創業者は関東大震災に被災して、新天地を求めてこの地にやってきた。それまでのシャープペンシルの技術を他社に移転した後、新たにラジオの製造に着手したらしい。僕の長屋の二軒隣はシャープ従業員の家族で、一目置かれていたようなことは子供ながらに感じていた。そして、長居競馬場は今ではサッカーや陸上の競技場がある長居公園になっている。ここは東住吉区だ。今の大阪の住民の大多数は長居競馬場のことは知らないようだ。

内地に出征していた父親が復員して一年後に僕が生まれたということに気付いたのは大人になってからで、自分も「時代の子」そのものだった。

当時の都市部は戦後のいわゆる「焼け跡・闇市」の世相で、食糧難だったらしい。そういう環境からか、僕は五百匁未満の栄養失調の状態で生まれた。終戦直前に長姉は米軍のグラマン戦闘機に機銃掃射を受けて田んぼの畦道を逃げ回ったとか、戦後しばらくして兄が人さらい(母親は「子取り」と言っていた)に縄で括られて連れ去られそうになったという話は幼い頃に聞いて知っていた。そういうような時代だった。

僕の家の前の道には、近所の人が昼間には竹籠を被せたニワトリを出していて、その鶏が怖かった。この広くもない道には馬が荷車を引いて通ることもあったし、進駐軍の車が通っていくこともあった。長居競馬場の向こうにある住吉区の杉本町に進駐軍であるGHQの西日本HQがあった。大阪市立大学の前身である大阪商科大学のキャンパスが進駐軍に接収されていた。僕は、家の前の道を他の子どもと一緒に米軍のトラックを追いかけて、チューインガムやチョコレートをもらいに走ったことをよく覚えている。一度は手に入ったという記憶がある。

僕の隣の家は上品なお婆さんと二人暮らしの若い女性が住んでいた。そのMさんの家には定期的に進駐軍のジープが止まり、数時間くらい将校が家に滞在していた。将校が帰っていった後には、大抵Mさんが僕たちをその家に招いてくれた。お菓子をもらったりするのだが、一番の御馳走は、コーヒーだった。米軍のコーヒーなのだろうが、その時のコーヒーの味は今でもしっかり覚えているが、今の日本に出回っている代物のように苦いことは全くなく、美味しかった。今までそのコーヒーを探そうとしたが見つからないでいる。長姉によると、このMさんからは借金をしたこともあったということだ。

その長屋からは、その後、どちらも相次いで引っ越していったのだが、ずっと連絡は取れていて、僕が大学に入学できた時に、喜びを分かち合っていただくべく、母親と二人で住吉区のマンションに訪れたことがあった。

長屋の三軒隣の家は、やはり美人の女性が住んでいた。そのNKさんは資産家の二号さんのような方だったと思うが、途中で少し北の昭和町にある広い邸宅に移っていった。その家には時々招待されて御馳走を頂いたりしたが、外国の家のようで芝生の庭も広くて、憧れの家だった。進駐軍の将校が住んでいた邸宅を買い取ったものだった。その家には時々可愛い姪御さんを見かけた。僕が大学生になった頃には何度か僕の狭いアパートに遊びに来てくれたりしたから、やはり連絡は長くとれていたということだ。

つまり、正業である公務員の僕の親父の家が明らかに貧乏で、同じ長屋の人たちに何某かの世話になったという状況だったのだろう。

そして、僕は四歳の時に、近所の死にかけの小父さんに感染されて小児結核を発症した。僕の最も幼い時の記憶のひとつが、この小父さんが暗い畳の部屋に敷いてある布団の中で寝ている姿だ。僕は、この家の女友達に会うために、しばしば訪問していた。その女の子の面影の記憶は全くない。この頃、別の可愛い女の子とは一緒に写っている写真が残っているが、この子とは一回くらいしか会う機会がなかったことも不思議に覚えている。

僕が発病した直ぐ後で小父さんは病死した。母親にそう教えてもらった。それからは、その家に行かなかった。長姉の話によると、そこの小母さんは夫の肺結核を近所に隠していたが、亡くなったためにバレてしまった。それでやっと、僕の親にも知るところとなったので、仕方がなかった。

何年か「ヒドラ」と「パス」という薬を飲み続けたが、近所の開業医のA先生から母親にずっと自宅静養をさせるように指導があった。この医院の待合室の残像は今でもはっきりしている。人体解剖の模型と、赤痢やチフスなど十種類ほどの大便の模型のパネルが壁に掛けてあって、僕は興味を持ってそれをよく眺めていた。毎回、注射針を刺されて採血されたこともよく覚えている。血沈検査をされたのだ。自分から腕を差し出していた。四～五歳の頃でも、自分が大変な病気らしいと感じると健気になる。レントゲン透視といって、暗い部屋に先生と二人きりで長い間入っていることもしばしばあった。患者も医師もかなりの量の放射線を浴び続けていた。それが普通の時代だった。

昭和二十四年に有力な結核治療薬のストレプトマイシンの輸入が始まったことになっている

が、長姉の話では、最初はなかなか手に入らなかったために、進駐軍からの横流し品を手に入れてA先生に筋注してもらっていたという。この頃の父は阿倍野区役所の税務課に勤務していたが、こういう部署は世間のいろんなところと接触するので、手に入ったようだという話だった。僕の記憶では、その後のことと思われるが、天王寺駅近くの阿倍野市民病院に定期的にストレプトマイシンの注射を打ってもらっていた。現在の大阪市立大学の医学部付属病院だ。

役所も僕の扱いに困ったようで、とりあえず小学校の入学は延期にされて、一年遅れの入学となった。だから、僕は昭和二十二年生まれの人たちと同期になった。つまり団塊の世代のど真ん中の世代としての一生が始まった。ところが、学校検診の胸部レントゲン検査の結果、「影が残っている」ということで、一学期の途中で長期休学の指導があった。行政の方からは、ただ、「単に自宅でブラブラしておくように」だけだった。一年生の担任の女のTD先生からは「絵日記だけ書かせるように」ということを母親にアドバイスした。蒲団に横になっている僕に一番下の姉が九九を教えてくれたという記憶があるので、文字などもこの姉が教えてくれたのだろう。この姉は特に勉強が得意ではなかったが、構ってくれる時間とその気があったのだろう。それについては大変感謝している。

それから二年後に、そのまま三年生に進級させてくれた。僕は六年生の時も数カ月休学させられたので、小学校は四年間しか通学していない。運良く死ぬことは免れたが、肺のレントゲン写真にしっかりとした陰影が残ったままなので、学生時代は学校からずっと病人扱いをされ続けることになった。

この頃には紙芝居という楽しみがあり、小父さんが自転車でやってきて辻の角や道端で物語を子供たちに提供するのだった。しかし、それを観劇するためにはお金を払って水飴や模様の入った板飴を買わなくてはならなかった。僕は何回かの一回は大手を振って紙芝居を観ることができたが、しばしばお金がなかった。その時は小父さんにバレないように、斜め遠くから盗み見をすることがあった。

母親に隠れて近所の不特定多数の同年輩の子供と「鬼ごっこ」や「缶蹴り」という一種の「かくれんぼ」、それに「ビー玉」（僕らはラムネといっていた）とかメンコ（僕らはベッタンといっていた）なども時には楽しんだ。その他には、コマ回し、ベーゴマ、いろんな方法（長い棒の先に付けた「取り餅」という粘着物に引っ付けて獲る方法や、両端に錘を付けた釣り糸を投げ上げて絡ませて獲る方法）でのトンボ獲りなどの遊びをみんながやっているのをたまに傍観していた。自分はできなかったので、景色として体験していた。

この頃の周囲へのこのような係わりのパターンが癖になって、自分が通行人や異邦人のような目で他人を眺める瞬間が時々あるようになった。池でザリガニを獲ったり、家の窓にへばり付いているヤモリを捕まえて尻尾に花火を巻き付けて火を付けて面白がっている同輩を見ていた記憶もある。僕自身は、イナゴをグリコの空箱に詰めて焼いたり、カマキリの腹を裂いてハリガネムシを取り出して楽しんだ。これくらいのことは僕にも可能だった。子供は残酷な生き物だと思う。女の子は「おじゃみ」で遊んでいた。そして、女の子も男の子も「縄跳び」をよくやっていた。

僕は、この頃に自転車を乗れるようになった。自分の家には自転車はなかったので、一番下の姉が友達の家の自転車を借りて、僕に練習をさせたのだった。足がペダルにぎりぎり触れるだけのような僕にとっては大き過ぎる自転車だった。姉が後ろの荷台のところを持って倒れないようにしながら、何度か練習を繰り返していた。ところが、何回目かで姉が手を放していたのだが、僕は知らなかった。僕の記憶では、こういう経緯で一日の間に自転車が乗れるようになった。僕は、長じては竹馬もホッピングもフラフープも全然駄目という不器用なのだが、自転車の時は恐怖心がなかったからうまくいったのだろう。

僕の父親は正業がありそれなりの給料をもらっていたはずだが、競馬や麻雀などの遊興に金を使っていたので、家は貧乏だった。この頃、親父は休日に僕を近所の長居競馬場によく連れて行った。ここにはいろんな種類の新聞紙が広大な地面いっぱいに読み捨ててあった。「新関西」「日刊工業新聞」「大阪日日新聞」などの記憶がある。それで、新聞のタイトルを切り抜いたものをコレクションしていたのが僕の唯一の趣味となっていた。絵本も遊び道具も何もなかった。

そして、基本的には家の中の布団が僕の主な生活の場だった。だから、僕の幼少時から小学低学年の頃までは、ラジオから流れてくる番組の音が情報の主なものだった。その頃のＮＨＫのラジオの番組からは、歌番組とラジオドラマや朗読のようなものが流れていた。それと、広沢虎造（二代目）などの浪曲（浪花節）の類もこの頃から耳に入っていたように思う。

現代の子供の場合は、夫々の年齢に相応しいテレビ番組はもちろんのこと、いろんなゲームや運動の機会もあふれ返っているので、その頃の僕の状況とは全く違う。のみならず、当時の同年齢の子供たちも、外で遊びまくっていたし、いろんな興味が家の外に転がっていた訳だから、やはり当時の僕の状況が特殊だったと思われる。僕は、結局、ラジオから流れてくる大人向けの歌やドラマで育った。たまには童謡や文部省唱歌も流れていたと思うが、端的に言えば、僕は昭和一桁どころか大正生まれの人達と「歌は世につれ、世は歌につれ」という流行歌を幼少時にリアルタイムに共有していたということになる。

記憶からすると、ラジオのドラマで最初に聞いていたのは、「鐘の鳴る丘」だった。調べてみると、昭和二十二年から三年半にわたって放送されている。僕が一歳から四歳の頃だから、病気になる前から放送されていた。ドラマの内容は覚えていないが、その主題歌は記憶にある。川田正子という当時絶頂期の人気童謡歌手が歌っていたが、僕はその歌手のことは当時知らなかった。それは多分、僕が二歳の時に彼女が引退をしていたからだろう。正子はＮＨＫに多大の貢献をしたために、変声期になった十三歳で引退する時に、異例ともいえるような盛大な引退式をＮＨＫが催したとの記事を最近読んだ。この歌の歌詞は「緑の丘の赤い屋根、とんがり帽子の時計台、鐘が鳴りますキンコンカン、メーメー子山羊も啼いてます……」。

　この頃の僕の一番記憶に残っている童謡は「みかんの花咲く丘」というものだ。後で判ったことでは、この歌はもともと十二歳の正子が歌い始め、彼女の持ち歌だった。しかし、僕は、この曲は妹の川田孝子の歌ったものしか記憶にない。孝子の方は変声期もなく、歌い続けたために紅白歌合戦にも二回出場しているので、僕の記憶にあるらしい。孝子の歌はちょっと癖があるがしっかりした音圧のある声が特徴的で、僕の記憶に懐かしく刻まれている。

　僕の長屋の向かいに周囲とは違って多少立派な家があった。周囲の住民が一目置いているという雰囲気は幼児の僕にも判っていた。その家の小さいお嬢さんが、ＮＨＫの「のど自慢」という人気番組に出るということが周囲の住民の知るところとなった。多分、そこの親御さんが周囲に知ってもらいたくて、話をしたのだろう。ラジオ放送で彼女の出演がある日の昼時に、僕たちの家でも家族みんなでラジオを聞いていた。すると、曲目は「鐘の鳴る丘」だった。「……カーネが鳴りますキンコンカン」となったところで、何とも良すぎるタイミングで、「カーン」と鐘が一つだけ鳴った。「鐘が一つ」というのは「残念でした」ということだ。この瞬間、「気の毒に」ということは飛んでしまって、家族のみんなも幼い僕自身も腹が痛くなるほど笑いこけたのを覚えている。これは五歳頃のことだったと思う。確かに可笑しかったのでもあるが、庶民の罪のない気持ちの発散でもあったのだと思う。

この番組は昭和二十一年に始まったラジオ番組で、現在の「NHKのど自慢」につながっている視聴者参加番組の走りだった。他のこういうラジオ番組には、昭和二十七年に始まった朝日放送系の「明色・歌謡ゲーム」というのと、昭和二十八年に始まった毎日放送系の「金の歌銀の歌」というのがあった。どちらも当時は大阪発だったと思われる。ともに、本社が大阪にある化粧品会社「桃谷順天堂」と電機メーカー「早川電機（シャープ）」とがスポンサーだった。そのうちに人気が出たので、全国各地の局で制作放送しだした。前者の番組会場の写真は熊本の大洋デパートが会場であった時のもの（熊本日日新聞撮影）だけを現在ネットで見ることができた。

ところで、今でこそ、東京は文化の独り占めで偉そうにしているが、高校野球・高校ラグビー・高校サッカーのどれも全国決勝大会は大阪管轄だった。サッカーは僕が大学生時代まではまだ大阪決戦だった。僕の中学校区には靭公園というオアシスがあった。大企業のビルディングが林立するビジネス街の一角にある公園だが、ここでは高校サッカーの全国大会の試合があったので、家から歩いて観に行っていた。決勝会場は長居競技場だった。靭公園はテニスの全国大会も時々開催されていた。ところが、高校サッカーが読売新聞の後援になってから東京の国立競技場に持っていかれた。つまり、朝日新聞や毎日新聞はそもそも大阪が創立の地であったので、東京からの独立性の意地と伝統があったのだろうと思われる。

この「明色・歌謡ゲーム」というのに、僕の長姉が出場することになった。姉の二十二歳の頃だった。この番組のスポンサーの桃谷順天堂の社長が多分北畠のような阿倍野区にある高級住宅地に住んでいたのではないかと想像するものだが、長姉の話では父親が阿倍野区役所の税務課員だったという関係で、その社長を知っていた。社長の方から「あんたとこの娘さんに出てもらおうや」といって、出場することになったということだった。姉は応募していなかったのだ。この時、姉は僕を連れて会場に行った。御堂筋にある瓦斯ビルという大阪瓦斯の冠の付いた建物だったことを僕は覚えている。僕は、後ろの方の観客席で見守っていた。人気司会者の大久保怜の番組だった。

この番組は封筒に入っている三曲のリストを全部歌えれば「合格」で、それなりの賞金・賞品がもらえた。ところが、最初の曲が男性歌手の岡晴夫の曲だった。姉には聴いたことのある曲だったが、歌詞は覚えていなかったので、一曲目でアウトになった。通常、この番組では一曲目は出場者が歌えるだろうという曲を選んでいる。そして、三曲目は難しくなる。姉のひとつ前の男性の出場者が順番においてあった封筒を素直に取らずに、わざわざその次の封筒を取ったので不都合が起こった。彼は女性歌手の李香蘭・渡辺はま子の「蘇州夜曲」を引いたので、彼も歌えなかったのだ。結局、この二人だけが一曲さえも歌いきることができなかった。姉は僕のところに戻ってきて「口惜しい」と泣いた。しかし、それなりの賞金をもらい、多分、明色アストリンゼンという当時の誰でも聞いたことのあるブランド化粧品をもらったはずだ。

この「明色・歌謡ゲーム」に長姉が出場した時は、僕が小学校一年生の一学期の途中から長期休学を続けていた時期だった。小児結核の病気が理由で登校禁止にされていたこの時期は、母親が長期の入院生活をしていたので、昼間は転居したばかりの住吉区のアパートに誰もいない状況になるために、この姉の出勤に付いて行っていた。南海電車の阪堺線の我孫子道から住吉神社を経由して天王寺駅前までの道中だった。母親の阿倍野市民病院と姉の三和銀行阿部野橋支店とは歩いて直ぐのところだった。昼休みの時間に姉が病院に連れて行ってくれた。僕は、午前中は銀行の中で時間を過ごし、午後は母親の病室の中で過ごした。夕方には姉が家に連れて帰ってくれた。一年半もそういう状況だったので、銀行の職員も病院の看護婦さんも僕を大変可愛がってくれた。

しかし、結核であるという理由で休学しているのを隠していたわけでもないのに、企業の職場だけでなく病棟でも排除されなかったのは、信じ難いことだ。余程不憫だと思ってくれたのだろう。実際、当時「助教授の先生は駄目だと言っているらしいから、あの先生には見付からないようにしなさい」と僕は母親に言われていたので、よく母親の蒲団の中に隠れていた。実際は、その助教授も主治医の配慮の気持ちに根負けしていたのだろう。形としては大いなる感染リスクがあるというべきだが、実は、もうこの時は治癒していたのに違いない。

三和銀行ではお抱え運転手さんが偉い人を立派な車に乗せて出かける時には、いつも僕を助手席に乗せて行ってくれたので楽しかった。日本全体がまだ貧乏だったこの時の日本の世相の方が現在の金満で思い遣りの少なくなった世相よりも素敵だと今も思う僕がいて何の不思議もない。

二十九年の暮れに引っ越した住吉区のアパートは、あまりにも小さくてみすぼらしかったので、子供ながらにも惨めだったし恥ずかしかった。嫌な思い出が大半だった。近所の子供とビー玉遊びをしていたことを覚えている。住まいのすぐ傍に大和川の草に覆われた土手が迫っていた。対岸は堺市だ。子供ながらの心の慰めは広い土手に生えている短い草の地面に座ったり寝そべったりして川の風景を眺めていることだった。日曜・休日のことである。この時に土筆というものを知った。僕にはスカンポという植物の記憶はないのだが、この頃に土手に生えているのを教えてもらっていたのかもしれない。というのは、この頃に「すかんぽの咲く頃」という歌をよく歌っていたからだ。「土手のすかんぽ、ジャワ更紗、昼は蛍がねんねする……」というもので、北原白秋・山田耕筰の曲だ。歌自体は兄がよく歌っていたのを僕が習ったものだった。住吉の時期で覚えている歌はこの曲だけだ。

この頃は、戦前からの流れで、童謡歌手はひろい人気を誇っていたらしい。それも、五歳頃という幼い時からレコード会社の専属になっていた子供たちが沢山いた。この子たちは有名で、ブロマイドや雑誌の表紙を飾ることが多かった。僕は、この子供たちについて、個別に思い出すことができるのは、先に述べた川田孝子の他に、「小鹿のバンビ」を歌った古賀さと子だ。非常に可愛い歌声のこの曲をラジオでよく聴いた。「かもめの水兵さん」という歌もよく知っているが、それを歌った河村順子という子供は記憶にない。

とりわけ僕の記憶の中でヒロインとして残っているのは、昭和二十七年に四歳の時に童謡歌手でデビューした小鳩くるみだった。大変目立った目鼻立ちの子供で、しかし、僕は彼女のこの頃の持ち歌を知らない。多分、子供向け雑誌の表紙にしょっちゅう出ていたので、近くの貸本屋でそれを見て知っていたということだろう。近くには本屋はなかったが、貸本屋という素晴らしい庶民の店があちこちにあった。その後の彼女はマルチ活動となり、高校生の時にはNHKのレギュラー活動をして、大学生の時も卒業後もNHKの「歌のお姉さん」で長期出演した。その後、テレビ番組のワイドショー司会（そういえば、高峰三枝子や李香蘭〈山口淑子〉も長期のワイドショーで存在感を示した）やアニメの吹き替えや主題歌（アタック№1、ディズニーの白雪姫、その他）などで成人になっても大活動を続け、文学者・翻訳家・大学教授で活動中らしい。これは、途方もない人生だ。僕は、この文章を書くに当たり、確認作業の調べ物をして多くのことをいろいろ知ったが、小鳩くるみについても、微かな思い出を辿ったら、こういう密度の濃い人生について知ることになった。

その後のラジオドラマといえば、昭和二十七年から始まった「新諸国物語」というシリーズものは物凄く懐かしい響きがある。一年ごとに「白鳥の騎士」「笛吹童子」「紅孔雀」「オテナの塔」が放送された。僕はこれらのタイトルをよく覚えているが、その内容については今は覚えていない。小学校に上がる前後の歳頃だったが、当時はドラマの内容をある程度は把握できていたと思う。ラジオドラマというのはイメージを自分の頭の中で想像するので、胸がドキドキしたりワクワクしたりして楽しんでいたように思う。どれにも主題歌があったと思うが、僕は今でも、笛吹童子の「ヒャラリヒャラリコ……」という少年合唱団が歌う歌を懐かしく思い出すことができる。

振り返ってみると、生まれてから小学三年生になって普通の学校生活を送ることが出来るようになるまでの、凡そ十年の間の音楽の記憶は、他の記憶と同じように曖昧模糊としている。その中で、今述べたようなことが断片的に蘇ることができる。この期間に、間違いなく、戦前から戦後に至る流行歌をラジオを通じてBGMとして聞いていたはずだ。米国などの外国の流行歌のようなものも同じように吸収されていった。

小学三年生の一学期に惨めな住吉区のアパートから大阪市の中央部の西区に新築された大阪市住宅協会の川口ビルというアパートに転居した。大阪では最初のニューライフ志向のアパートということで、新聞の三面記事にも掲載されているのを見た。全てに水洗便所が、多くに内風呂が設備されていた。周りの友達の家にはそういうのはなかった。新しい小学校の校区は日本の高度成長を支えた鉄工所などの中小企業の街だった。内風呂のない入居者のためにこのビル地下の店舗街の奥に浴場が稼働していて、内風呂のある僕も友達と一緒に時々は入りに行った。地下には、食料品店、理髪店、駄菓子屋、電気店、酒屋、スナックバー、写真店、小物店が揃っていた。一階の全床と二階の半床は貸事務所に当てられていて、歯科医院も内科医院も入居していた。僕の家は二階にあった。

つい最近、この既に壊されてしまった記念すべきアパートについての百頁余りのアーカイブが大阪市住まい公社から発行された。この冊子は非売品で、役所や図書館での蔵書としてだけのもののようだった。しかし、僕が、自分の昔のアルバムから当時のこのアパートの生活の様子を伝える写真を数枚送ってあげて掲載されたので、謝礼の意味でこのアーカイブを頂戴した。たったの二家族しか写真を持っている人の消息が判らなかったようだった。僕の場合は、このアパートの建て替えビルに一番下の姉が住んでいるので、そういう写真を探しているという情報を姉から伝え聞いたのだった。

アーカイブを読むと、入居応募要項に月収三万円以上で家族二人以上の大阪市内の在住者またはは在職者と書いてあった。競争率は三十倍だったとある。親父が大阪市の職員だったので入れたのではないかと、僕は当時から感じていた。

この頃から僕の新しい生活が始まり、僕の記憶は以前よりははっきりしてくる。それでも、曖昧な部分が残っており、どの曲が十歳までの出会いで、どの曲が小学三年生以後の出会いかはよく判らない。ただ、この頃の歌謡曲の寿命は非常に長かったから、小学校三年生の時でも戦前からの音楽はよく流れていた。

ＮＨＫの紅白歌合戦が始まったのが昭和二十六年となっているから、それは僕が五歳の頃だ。ということは、この頃に世間で流行っている歌謡曲は大人と一緒にラジオで聴いていたことになる。戦後直後からの歌謡曲の中で、並木路子と霧島昇の「リンゴの唄」、藤山一郎と奈良光枝の「青い山脈」、笠置シズ子の「東京ブギウギ」が代表的なものだが、僕は、こういう曲を何度も聴いていた。

他にも、戦前からの歌手である李香蘭や渡辺はま子たちも戦後にもヒット曲があり、林伊佐緒、津村謙、青木光一、その他多くの歌手の歌を幼少時から繰り返し聴いていた。大人になって聴いてみると、単に懐かしいだけでなく歌詞の内容や歌唱法を含むそれらの歌の理解度や感受性が加わるので、さらに味わい深いものとなる。最近のテレビ番組での中で、近江俊郎・田畑義夫・岡晴夫を戦後三羽烏だといわれたとのことだったが、僕はそういうことは知らなかった。調べると三人とも懐かしいヒット曲を数多く出していた。

この中では、特に、林伊佐緒の「高原の宿」、岡晴夫の「東京の花売り娘」、青木光一の「柿の木坂の家」、李香蘭の「夜来香」、高峰三枝子の「別れのタンゴ」、などが僕のお気に入りだったが、特に岡本敦郎の多くの曲は気に入っていた。このうちでは、「白い花の咲く頃」・

「リラの花の咲く頃」・「あこがれの郵便馬車」・「高原列車は行く」・「ピレネエの山の男」・「自転車旅行」は自分でもよく口ずさんだ。

ところで、岡本敦郎のデビュー曲は安西愛子とのデュエットでコロムビアレコードから発売された森まさる作詞・橋本国彦作曲の「朝はどこから」だった。資料によると、朝日新聞が敗戦直後の日本を励ますために健康的なホームソングを全国に募集したものだった。そして、一万通を超す応募の中から一等当選歌となったものが、ホームソング「朝はどこから」と児童向きの曲「赤ちゃんのお耳」だった。朝日新聞は敗戦直後に良い仕事をしていた。「朝はどこから来るかしら、あの山越えて雲越えて、光の国から来るかしら、いえいえそうではありませぬ、それは希望の家庭から、朝が来る来る朝が来る、おはよう、おはよう」。二番歌詞（昼）も三番歌詞（夜）も僕たち日本人の原点であるべき素晴らしい文言が並んでいる。この曲は戦後の日本国民が幾百回も聴いて口ずさんだ歌だと思う。子供ながらに未来を信じる気持ちになった。そういう意味では、この曲は並木路子の「リンゴの唄」に勝るとも劣らないものだと思う。僕はラジオから流れてくる、岡本と安西とコーラスがそれぞれ活躍するこの曲こそ、僕の歌の記憶の原点であったのかなということが、書いていて蘇ってきた。調べてみると、僕の生まれた日のひと月前に世に出たものだった。

2　小学校高学年の頃と音楽

昭和三十二年の小学校三年生の新学期から登校を許可されて、元の阪南小学校に越境通学をしだした。天王寺駅前行きの南海電鉄の阪堺線―上町線の電車に乗って、途中の北畠駅で降りて、そこから東に向かって歩いて登校した。その道の両側には立派な邸宅が並んでいた。相場師などの金持ちが住んでいたと聞いた。子供ながらに、将来こういう家に住めるようになったら好いのになあと思った。こうして普通に近い生活が始まっていたが、体育授業の禁止だけは続いていた。

しかし、転居によってこの生活も三カ月ほどで終わった。転校した西区の本田小学校は、新しい音楽教育として「リコーダー」、つまり「縦笛」をモデル校として取り入れたところだった。半年くらい練習した頃に、大正区にある小学校にリコーダーの合奏団というもののデモンストレーションに出掛けたが、僕は、そのメンバーに入っていた。どうでもよいことだが、行った先の小学校は南恩加島小学校だったとの記憶がある。

家の中で、よく練習していたことを長姉は今でもよく覚えているという。もっと小さい住吉区の頃は宮田製のハーモニカを買ってもらって、音を鳴らしていたことがあったが、リコーダーが僕の最初の楽器演奏の発表だった。この楽曲の曲目は覚えていないが、他校に出向いた時に、文部省唱歌の「紅葉」を合唱で歌った記憶がある。

小学校の音楽の教科書に載っていた文部省唱歌は、僕の人生の記憶の中でもとても大事な曲だ。日本の自然や心持についての歌心・詩心を育んでくれた。二十年前に僕の子供が使っていた教科書を見たことがあったが、次第に文部省唱歌は駆逐されているようだった。フォークグループの「赤い鳥」が最初の頃に歌った「翼をください」が教科書に採用されたりして以来、その時に流行った歌が次第に採用されつつあったことを知った。

そんなポピュラーな素晴らしい曲は放っておいても知っているのだから、教科書に採用することは、僕は賛成ではない。日本の古くから辛うじて残っている素晴らしい唱歌を小学校の時にこそ教育として残しておくべきだと思う。

調べてみると、文部省唱歌は尋常小学校唱歌の時代では、小学校六年間で百二十近くのリストがある。この中には現代に適切であるという訳にはいかない曲もあったが、懐かしい良い曲がきら星のように散らばっている。唱歌は明治五年に登場した。主に米国の状況を参考にして導入された。和洋折衷をコンセプトで作ろうというものの、実際は欧米の曲に日本語の歌詞を付けたものも多かったらしい。地歌や箏曲などのメロディーは西洋式の楽譜にはうまくのらなかったらしい。「蛍の光」も「仰げば尊し」もこうして作られた曲だ。その中でも、僕が、小学生の頃からの日常生活の中で変わらず大事に思っている曲は、「故郷」、「朧月夜」、「早春賦」の三つだ。ただ、卒業式で歌う「仰げば尊し」は僕の人生の中で一番厳粛な気持ちになった曲である。

「故郷」は「兎追ひし彼の山、小鮒釣りし彼の川、……」で、小学生の頃から懐かしいふるさとという映像が脳裏に浮かぶのだった。僕は大阪市に生まれ育った。多少、近くの池でザリガニを見たことや、田んぼの水路に殿様ガエルのオタマジャクシを見たことはあったが、ちゃんとした山や川は近くにはなかった。だから、この曲にあるような本当の景色の原体験があるとは言えないのだが、いかにも懐かしく感じるのだった。

「朧月夜」は「菜の花畠に入日薄れ、見わたす山の端、霞ふかし……」で、この曲に至っては、その歌詞が完全に映像となって脳裏に流れてくるのだった。これも特に原体験にはないのだが、この曲が映し出す映像が僕の貴重な原体験になってしまったということだ。僕は、この曲程に映像的な曲を知らない。

「早春賦」は四つ歳上の兄の教科書で見つけた曲なのかも知れない。あるいは、兄がこの歌を家の中でしきりに口ずさんでいたのかもしれない。「春は名のみの 風の寒さや、谷の鶯 歌は思えど……」。僕は、子供ながらにも、この曲の歌詞を歌いながら日本の古語の美しさを心に刻んだ。今、現在において、こういう時代だからこそ、こういう唱歌を復活するべきだと思う。

兄は西区に転居してからも阿倍野区の昭和中学校に通っていた。その校歌を家の中でしょっちゅう歌っていたので、僕はこの校歌は今も一部は覚えている。しかし、僕自身が進学した花乃井中学の校歌は全く覚えていない。転校前の阪南小学校の校歌も覚えていない。本田小学校は、大阪でも屈指の創立の古い学校なのに、何故か校歌がなかった。そして、四年生の頃に学校が校歌を作ることになった。作詞については試案を印刷したものを家庭に配り、その意見をくみ取って決めるということだった。

この時に「我関せず」がポリシーの父親が予想外に意見を書いた。しかもそれが聞き入れられて、歌詞が変わったのを目撃した。父以外にも同じ意見の人があったのかもしれない。因みに、歌詞に「学童は」とあるのが、「僕たちは、私たちは」の方が良いではないかという意見だった。僕もその通りだと思った。こういう経緯の本田小学校の校歌は途中までは覚えている。「木津の川波窓辺を洗い、昔を語る浪速の海の……」。実は、若い頃、父親は小説家になりたかった。まだ若い頃に、父親が母親に清書をさせた短い小説の原稿が押し入れの中に残っているのをこの頃に見たことがあった。多分、投稿する自信もなかったのだろう。陽の目を見たものはなかった。このことについては、僕は親父の失意に同情している。

小学生の高学年の頃の僕に入ってくる音楽の情報は、学校以外ではラジオと蓄音機だけだった。ＮＨＫのテレビ放送の開始は昭和二十八年だったが、僕たちの周りにはまだ普及していなかった。公団住宅ビルの地下の小さい商店街にある電気屋のところで、レスリングやボクシング、それに大相撲を観た。大人が群がっているところに僕らも参加していた時代だった。千代の山・鏡里・吉葉山はここで観た。栃錦・若乃花・朝潮は手に汗を握った。中学生になるまでは我が家にテレビはなかった。

小さい蓄音機は幼い頃から置いてあった。手動でゼンマイを巻いてからレコードをかけた。レコード針はすぐに摩耗する金属だったので、次のレコードの時に付け替えた。親父が何枚かのレコードを持っていたが、米国のジャズのようなものを覚えている。記憶にあるのは「奥様お手をどうぞ」という曲だ。コンチネンタル・タンゴのジャンルだ。この曲には歌が載っていた。歌声がフニャフニャしていて子供ながらに「もう一つやな」と感じた。

親父は映画館で洋画をかなり観ていたようで、ロマンス物が大好きであることを家族にも隠さなかった。しかし、家族を連れていくことはなかった。その頃はジャズ屋を主人公にした映画が流行っていた。「グレン・ミラー物語」、「ベニー・グッドマン物語」、「五つの銅貨」などだが、僕はここで流れる曲はよく聞いていた。レコードはそんなになかったので、多分ラジオで親父が聞いているのを横で聞いていたのだと思う。グレン・ミラーの「ミッドナイト・セレナーデ」のような実に素晴らしいスタンダードナンバーが数多くあり、今聞いても古臭いという感じは僕にはない。

この頃の僕の家族は、両親と姉二人と兄との六人家族だった。二つの畳の間とダイニングキッチンだけの公団住宅の狭い家なので、個人の秘密を保つスペースはなかった。胸部レントゲンに陰影があるので、結局、僕は大学に入るまでのほとんどの期間は体育授業を禁止された。兄は病弱の僕を連れて遊ぶことは親からも推奨されていなかったので、一緒に外で遊ぶことは時々二人で楽しんだ野球以外はほとんどなかった。ただ、兄が四歳も年上であることから、彼が中学生くらいになると僕よりも先にいろんな音楽に興味を持ち始めた。そうするとレコードを買ってくるのだ。それくらいの小遣いはもらえるようになっていたらしい。兄は身長こそやや低目だが、生来肉体系であることは自他ともに認めているのだが、音楽や文化には結構鋭いアンテナを持っていたのだということを、この書き物をしている最中に初めて気付くことになった。

多分、最初は「行進曲集」のＬＰだった。両面合わせて十数曲入っていた。このレコードを毎日毎日聴かされるので、全曲を完全に自分のものになる程に覚えてしまった。何せ、行進曲だから、威勢がよく気持ちが高揚してくる。実際、名曲ぞろいだった。一番多かったのが米国のマーチの王様とされるスーザ作曲のものだった。「星条旗よ永遠なれ」、「ワシントン・ポスト」、「雷神」、「士官候補生（ハイスクール・カデッツの誤訳らしい）」、「エル・カピタン」、「美中の美」が収まっていた。どの曲も多くの人に聞き馴染みがあるようなものだ。スーザの行進曲のうちで、僕は「星条旗よ永遠なれ」の中間部のピッコロによる装飾的旋律がとても気に入っていた。

スーザ以外では、我が国の「軍艦行進曲（通称、軍艦マーチ）」と「敷島艦行進曲」が入っていた。「軍艦マーチ」は「守るも攻めるも黒鐵の……」という歌詞もあるのだが、このレコードではもちろん歌詞は伴っていない。両曲とも瀬戸口藤吉の作曲によるものだった。「敷島艦行進曲」はこのレコードで初めて知ったのだが、なかなか渋くて侮れない曲だった。この頃では、軍艦マーチというと、パチンコ屋で一日中流されていた曲としてとてもポピュラーだった。この曲はあまりにも調子が良く、気持ちもどんどん前向きになる名曲なので、どんどんパチンコ玉を打ち続ける心的状況を期待しているに違いないことは子供にも想像が容易だった。

どの曲も素晴らしかったが、僕が一番気に入ったのは「フランス分裂行進曲」だった。正にフランスだというメロディーであり、トランペットの修飾的な上乗せリズムが華やかで格好がよかった。

余談になるが、その後の高校二年の時に開催された東京オリンピックの入場行進曲は実に名曲だった。僕の人生の最高の行進曲だ。この作曲者の古関裕而は和製スーザともいわれたほどの行進曲で有名な作曲家だが、交響曲も作ったほどのクラシックに素養のある人だった。実は、あの「鐘の鳴る丘」の主題歌も彼が作曲したものだ。さらに、大阪タイガース応援歌「六甲颪」という超素晴らしい曲も彼の作曲だ。阪神タイガースはラッキーセブンの風船飛ばしの時に流れるトランペットのメロディーとこの六甲颪だけにおいて他球団を圧倒している。僕は大人になってから甲子園球場に出かける機会があり、それを実感した。なお、風船飛ばしは広島カープがオリジナルとのことだ。

次に兄貴が興味を持ったのは、カンツォーネだった。当時はイタリアには男性の三大テノール歌手がいたらしいが、兄が買ってきたレコードはフェリッチョ・タリアヴィーニだった。曲目は「カタリ・カタリ」、「帰れソレントへ」、「オー・ソレ・ミオ」、「サンタ・ルチア」ともう一曲は覚えているがタイトルが思い出せない。総じて、子供の頃に聴く外国の歌は言葉の意味も判らずにレコードを聴きながら、それに合わせて口ずさむものだった。それでも十分楽しかった。意味が判らずとも、メロディーとリズムと音響という、その意味では絶対音楽的に十分な質的水準があるからだろう。

小学校三年生の時に引っ越してきたこの頃から、米国でエルヴィス・プレスリーとパット・ブーンが相次いでデビューしており、しばらくして我が国のラジオで彼らの曲が流れてくるようになってきた。親父は別として、どうも僕の家庭は見掛けの「柄の良し悪し」を評価の基準にしていたようだった。「善良な貧乏人」の典型なのだろう。つまり、ロックンロールのプレスリーは柄が悪くて騒がしくて、我が家では人気がなかったが、ソフトで端正な発音で歌う端正な佇まいのブーンの方は好評で、兄も僕も大好きだった。歌詞を空で歌えるくらい気に入っていた。中学で英語を習う前後から「砂に書いたラブレター」も「四月の恋」も、口ずさんでいた。

そういえば、美空ひばり・江利チエミ・雪村いづみの三人娘の曲もこの頃ラジオでも流れてきていたようだが、当家では押出しの強そうな美空は人気がなく、愛嬌のありそうな江利に人気があった。こういう受け取り方については、僕は成人になって考えを塗り直すことが出来た。人柄と才能は別であると。しかも、しばしば反比例のこともある。さらに、結局は人柄ということ自体も単細胞的に判断できるものでもないと。ただ、美空はしばしば声音にアクを付けることがあるので、その発音は今でも嫌だ。

それぞれ若くして才能を発揮したスターだが、歌唱力そのものについて感じることは、歌い方や声の質に好き嫌いはあるとしても、雪村の声量と英語力の突出さに比べると、案外に江利の声と英語力に難点を見出してしまう。美空の歌唱力はやはりケチが付けにくい。やはり昭和の大スターという他はない。ジャズもこなせて、英語の素養のないはずなのに発音も今の僕にもアクセプタブルなのだ。最近でも、何かのテレビCMのBGMに美空の歌う「魅惑のワルツ（ファッシネーション）」が流れていたが、立派なものだと思った。

当時は好きだと認識していなかったはずの美空だが、ラジオを付けるといやでも彼女の歌が数多く流れてきたのだろう。実は、その時から美空の歌は自分の中では好きだったに違いない。「悲しき口笛・十二歳」「東京キッド・十三歳」「越後獅子・十三歳」のような曲はやっぱり当時も気に入っていたし、今は心に沁みてくる。また、「お祭りマンボ・十五歳」のような難しい歌も見事にこなせたし、それらがすべて十五歳以下の話なので、別格過ぎる。後年の「柔・二十七歳」は彼女ならではの貫禄の歌だ。辞世の歌のような「川の流れのように・五十二歳」は喉を開いてストレートに歌い上げる姿が圧巻で、感動で涙を誘うほどだ。あの海千山千の実力者の美空が最後に落ち着いたところの歌唱法は、変なこぶしや変声で修飾することではなく、素直な発音の美しさでの表現だった。修行の末の悟りのようだ。まあ、それも加齢しても衰えない発声の実力があったからこそである。この曲の歌詞はまるで美空自身が自作したかのような内容だが、実は美空に依頼されたまだ駆け出しの頃の秋元康の作詞だった。彼はこの作詞で自信を得た。

僕は、結局、数多くの美空ひばりの歌が大好きとなったが、「これぞ美空ひばりだ」という僕の選曲は「港町十三番地・二十歳」だ。短くあっさりした曲だが、僕にはそうなのだ。調べてみると、僕が小学四年生の頃の歌であり、この頃の僕は既にこの歌を「いかにも美空ひばりだ」と感じていたと思うが、裏声が変だと思っていたので、良い曲とは思っていなかった。

美空は実声と裏声との移行がそれと判らず、それが一流歌手の証しであるように書いてあるのを何かで読んだことがある。「ああ、そうなのか」と納得したことがあるが、僕の選曲である「港町十三番地」を今聞いてみると、やっぱり裏声がそれと判り過ぎるくらいで、問題がありそうに思う。それにもかかわらず、この曲は一番「美空ひばり」的で素晴らしい曲だと思う。

美空ひばりというスーパースターの前のスーパースター的な歌手は笠置シヅ子だったそうだ。僕は笠置の歌もよく覚えている。笠置は戦前からのスターであり、戦後もしばらくその地位にあったが、美空がその地位を肩代わりするようになったと何かに書いてあった。僕は「東京ブギウギ」「買物ブギー」をよく聞いた。ライブでのパフォーマンスの時には声量豊かでマイクロフォンが要らなかったらしい。ただ、歌って踊っての元祖のような歌手だったので、マイクロフォンが使えなかったのかも知れない。笠置は容姿端麗とは言い難く、普段の姿勢もあまり良くなかったが、一旦ステージに上がれば、とんでもなく激しいステップを踏みながらのパフォーマンスをし続けたらしい。僕はラジオでしか笠置の曲は聴いていない。多分、この頃のスーパースターという彼女への称号は歌だけでなく、舞台を完全に支配できるパフォーマーだったからだろう。というのは、この頃には、他にも数多くの一流歌手が輝いていたからだ。

この頃に僕は二人の女性歌手の声に魅せられた。「こんな艶かしい声があるのか」と感じ入った二葉あき子と、可憐すぎる声が愛おしくなった島倉千代子だった。二葉あき子の「水色のワルツ」と島倉千代子の「この世の花」を聴いて、声からの僕の理想の女性像のイメージが出来上がっていた。相当ませた子供だったといえるのかもしれない。しかし、僕は中学生になっても子供の出来方も知らないような初心なところがあったので、ませたガキとしても、プラトニックなことであると断っておかないといけない。やはりロマンチストを自認していた親父の子なのだろう。

そういえば、親父は、どうも二葉あき子が大好きのようであると僕は気付いていた。面白いことに、男好きのする女優や女性歌手は総じて女性に生理的に嫌われることが通例のようである。僕のワイフもそう見て取れる。僕が何も言っていないのに、テレビのバラエティー番組に普通に出ていた橋本マナミを見て、「いやらしい」と言った。僕の母親は、二葉あき子をはっきり「嫌いだ」と言ったのを聞いたことがある。だから、親父は家では二葉あき子を気に入っていると言わなかったのだろう。二葉あき子の「水色のワルツ」はその曲での声質が僕は大好きだが、やはり代表作の「夜のプラットホーム」は見事の一言に尽きる。こういう曲をユーチューブで聴き返しているうちに、彼女の「巴里の夜」という曲に出くわした。最高に粋な歌で痺れそうになった。懐かしさを感じるので、子供の時にも僕の耳を通過はしていたのだろうが、明確な記憶はない。

その後も僕は多くの女性歌手の歌う名曲を楽しむのだが、結局、僕は、島倉千代子が一番好かった。あのコロコロ転がる可憐な声質もさることながら、どこか薄幸の影を漂わせている和風の可愛い顔立ちの人ということで、他の歌手に対してとは違う引力があった。加えて、養女として出て行った二番目の姉の顔に島倉の顔立ちを思わせるところがあった。大人になってから、歌好きのこの姉のちりめんビブラートの歌声を時々聞くことがあったが、一寸似たところもあった。島倉のあの宝石のような美しく軽い声と、そのコントロール技術は余人には及ばないと思う。デビュー曲の「この世の花」での声質が僕は一番好きだった。

ところで、僕は、小学校では一度も体育授業を許可されていなかった。本田小学校でも体育の時間は教室で「自習」をさせられた。自習といっても「教室に居残っているように」だけだった。普通なら悲しいはずのものだが、僕はそうでもなかった。

僕のクラスにはＡＳさんというもう一人の「自習」を命じられた女の子がいた。彼女も肺結核という診断だった。そして、僕と同じく、彼女も絶対に治癒してから既に長い年月が経っていたに違いない。それはともかく、その時間は教室で二人だけの時間を過ごすことになっていた。四年生から六年生の三年間はクラス替えがなかったので、こういう状況が長く続いた。僕は、彼女を可愛いと思っていたので、この時間は快くも心穏やかならざる心持で過ごしたはずだ。しかし、どちらからも特に話しかけるようなことはないまま体育授業の時間が終わってしまい、この刹那に僕は非達成感のような気持ちを感じるのだった。

中学に進んでからは彼女とは同じクラスにはならなかったが、彼女は僕のクラスの女の子と一緒に帰るのが常だったので、ホームルームの時に、僕は、彼女が教室の外で待っている姿を毎日のように見ていた。それで、毎日気になっていた。二年生になってからは彼女の姿を見る機会がなくなり、三年生になって一年下の美少女に気がいってから、ＡＳさんへの呪縛から解き放たれた。

そのような、体育禁止という僕の生活にもやっと変化が来た。毎年の僕の胸部レントゲンの陰影が固定化していることがやっと判ってきて、ようやく小学六年生の途中から、体育授業が許可になった。早速、運動会にもリレーの選手で走った。僕がある程度の俊足であることを級友は知っていた。それまで僕は体育禁止だったが、休みの時間には級友と相撲を取ったり走り回ったりしていた。しかも、ヒョロヒョロの僕は相撲も意外に強い方だった。本当に学校は馬鹿々々しい管理監督をしていたのだ。

その年の夏休みに、全くの初心者であった水泳を意地で頑張って、二十五メートルをクロールで泳げるようになった。運動には執念があり、また好きだったので、必死で頑張った成果だった。それが過労を引き起こして、夏休みの後半に発熱が生じた。住んでいた公団アパートのビルディングの一室に開業していた医者に母親が連れていったら、三カ月の休学を指導されて、以後体育授業は無期限禁止の逆戻りになった。今から思うと、過労からの単なる風邪のようなものだったのに医者が誤診をしたと思う。母親は自信のない人で控え目過ぎる性格だったし、父親は「我関せず」だったので、仕方がなかった。もっと、ちゃんとした病院に連れて行ってくれるべきだったと恨み言も回したくなる。しかし、この頃は病院でも怪しい診断をされた可能性は少なくないと思う。

そういう訳で、またもや数カ月間、昼間も自宅で布団生活をすることになった。「もう、僕は将来がないのかもしれない」という漠然とした不安を抱いた。また、小児の時に受けたストレプトマイシン筋注の副作用で、終生治らない耳鳴りと多少の聴力障害が残ってしまった。いつからこの副作用がひどくなったのかは思い出せないが、この六年生の頃には、夜は蝉の鳴くような耳鳴りが煩くて困るようになっていた。長姉は時計職人になることが生きる道かなと僕に言った。

その時の楽しみは、結局はラジオ番組だけに戻った。大人向けのドラマや流行歌などは自分から探すようなことにはならなかった。その頃にはやっと子供向けの番組があったのだった。夕方になると、「まぼろし探偵」と「鉄人二十八号」の子供向けドラマが相次いで放送されていた。日中の前半は夕方の番組が待ち遠しい気持ちだけで無為に過ごした。両方のドラマはもともと漫画でポピュラーになっていて、僕も読んだことがあった。この頃は、もう貸本屋もなかったので、友達の漫画を借りて読んでいたのだろうか。買った記憶がない。番組の最初に流れる主題歌も楽しかった。後年、どちらもテレビドラマ化されたが、その頃はもう僕はこれらを観てはいない。テレビの「まぼろし探偵」に子供の頃の吉永小百合が出演していたのも知らなかったわけだ。

ところで、「まぼろし探偵」の主題歌はラジオもテレビも同じだが（赤い帽子に黒マスク……）、後日、何かの機会に「鉄人二十八号」のテレビの主題歌を聴いて僕は驚いた。ラジオの時の主題歌とは全然違っていた。懐古主義者の僕としては、あの病床で親しく聴いていた主題歌が消えて無くなってしまったことはとても寂しい。ラジオの時の主題歌を知っている他者はもうこの世にはいないのではないかと思うと寂しい気がした。ユーチューブで探しても、ラジオ時代の主題曲は見付からなかった。この歌の最後のフレーズは「……僕らの鉄人・二十八号」だった。ところが、つい最近、ラジオの主題歌もユーチューブにもアップされていた。このことからも、ユーチューブへアップロードされる情報は際限なく増殖していることが窺われる。

この頃には「少年探偵団」と「赤胴鈴之助」のテーマソングも非常に流行った。

こういうことを書いてきて改めて判ったことは、僕は幼い頃の生活の大部分を家の中で過ごし、ラジオ以外にほとんど何もなかった。ラジオからは時々は童謡も流れることもあったかもしれないが、その頃は、ラジオは基本的には大人が聞くものだったので、戦前から戦後に至る多くの流行歌を聴き続けた結果、小学高学年の頃には大人の流行歌に対する相当な感受性を養われていたのに違いない。

この小学校の四年生から六年生の三年間は組替えがなくて、級友同志はお互いに親密になっていった。僕が肺結核という病気が理由で体育授業を長期に禁止されていることが判っているはずなのに、多くの級友に仲良くしてもらった。今でも、この組の男女の友人で集まることがある。僕のアパートは大阪でも当時の先進的なコンセプトのものだったので、それが珍しいこともあり、何人かの級友が狭い自宅に来てくれた。六年生の時に結核が再発したとされた後も、復学後も分け隔てなく従来通りの付き合いをしてくれた。親も教養のない方ばかりではなかったはずだが、親がそもそも気にしていなかったことは間違いがない。

この小学校区は鉄工所関係の中小企業が多く、級友の多くはそういう家の子弟だった。高度成長期に突入しようとしていた時期であり、既に僕の家よりは羽振りのよい家が多かった。というより、僕の家はこの時代になっても、まだ異常に貧乏だった。

ある朝、履いていく靴がとうとうなくなった。それで、姉が以前に職場で楽しんでいたバレエのトウ・シューズを履いて登校したことがある。では、昨日の靴はどうなったのかなどの疑問について、僕はいまだにその時の状況が思い出せない。ただ、この時はさすがに恥ずかしかった。バレなければよいのにと思っていたら、物凄く善良なK君が見咎めて、「おい、そんなこと、気にせんでええぞ」と他人に聞こえてしまう声で励まされて、泣きたい気持ちになった。朝から雨が降るのに傘がない時期があったのも辛かった。雨に濡れることは平気だったが、傘のないことがバレるのが辛かった。この頃は、「学校には必ず行かなければならない」と思っていたから、健気にも病気以外は休まなかった。

さらに、毎月「給食袋」にお金を入れて担任に持っていくのだが、母親がお金を入れて僕に渡す日が期限日から常に一週間ほど遅れるのだ。期限日と給料日との狭間なのだ。このことは別に恥ずかしくなかったが、僕は親がおかしいと思った。資金繰りのことだから、「ある月に一回だけ清貧に甘んじた生活をすれば済むことなのに」と子供の自分でも対策が取れそうなことだったからだ。この頃、給料をピンハネしてから残りを母親に渡す父親は家のことには無関心だったが、母親も工夫ができる人ではなかった。

四年生の時の担任のKS先生は美術担当で偏屈なところがあったと思う。僕はこの先生の応対でがっかりしたことが二回あった。そして、この一年で何かの理由で担任を外れた。しかし、この先生とは大学を卒業する頃でも年賀状のやり取りが続いた。その後、画家として個展も定期的に開くようなことになったと聞いたが、年賀状には必ず自筆の絵が描いてあった。今も押し入れに残っているはずだ。

五年生からの二年間はKY先生が担任になったが、怖いもの知らずの威勢のよい人だった。校長にも学童の前で批判的な態度を取ったりしていたが、愛される性格だった。僕は担任がこのKY先生になって、初めて自信を持つことができるようになった。そういう意味で恩人だと思っている。先生は裕福な子弟を贔屓にしていたように思われたが、貧乏な僕も贔屓にしてくれた。そして、教室の皆の中で、僕を含む数人だけが選ばれて算数の難しい問題集を与えられて添削をするプログラムを実施された。これも明らかな贔屓といえるだろう。

この先生は、学童を殴ることが何度かあった。問題のあった生徒を黒板の前に並べて、「今から殴るから、足を踏ん張って歯を食いしばれ」と言ってから殴った。しかし、叱られる理由も納得のできるものでもあったし、殴られた者も先生が好きである者が少なくなかった。親も文句を言いに来ることはなかったようだ。この先生の自宅には卒業した後も生徒がよく訪れた。今なら、すべてアウトだろうと思う。

3　中学高校時代と音楽

中学生になっても、根拠もないまま体育授業は中学三年の初めまでは禁止されていた。高校生の時もほとんどの期間体育禁止になった。しかし、自宅療養の指導もなく、学校の内外で走り回っていた。ところで、中学生になった頃に、我が家にもやっとテレビと電話が入ることになった。周囲よりは遅かった。以後はテレビからの情報が中心になっていった。この中高時代の六年間については、テレビから流れてくる流行歌は非常に多かったので、その時々で楽しんでいた。しかし、特記するような思い出はそう多くはないようになった。普通の学生のように勉強と友人との付き合いに興味が向いていたからで、高校からは勉強が難しくなったこともあった。

ただ、橋幸夫と吉永小百合の歌は若者である僕に青春のスパイスを加えてくれた。それまで若い男性歌手があまり出てこなかった歌謡曲界に、橋幸夫が佐伯孝夫作詞・吉田正作曲の「潮来笠」で颯爽とデビューしてきた。その後どんどん若者をターゲットにした歌がリリースされていったので、次第に僕も覚えて口ずさむようになった。橋幸夫は若くして歌唱力に太鼓判を押されるような存在だった。癖のある声質を多少感じるものの、各フレーズの後半にビブラートのかかった素晴らしく伸びのある声音は目立っていた。

僕の小学生の高学年の頃からこの頃までは、春日八郎や三橋美智也が歌謡曲界の若いヒーローだった。特に、三橋美智也は昭和三十年に二作目の「おんな船頭唄」で颯爽と登場して、その人気と実力とレコードの売り上げにおいてかなり長期間にわたって押しも押されもしない第一人者だったと思う。僕も、僕の家族もサポーターだった。その後、「チャンチキおけさ」の三波春夫や「王将」の村田英雄がでてくるのだった。しかし、中学生の僕たちにとっては、これらの歌手はニュースターといっても「おっさん」なのだった。橋幸夫は「おっさん」ではなかった。

この橋幸夫の登場の頃から、青春歌手という多くの歌手たちが出現してくるのだった。今から解析すると、この僕らが中学生の頃から長らくの間、僕らの団塊の世代をターゲットにして商品が世に出続けていることがよく判る。流行歌もそういう時代が続いたのだ。僕たちの世代は、常に、最大ターゲットとされた特別の世代だったように思う。

しかしながら、団塊の世代も仕事が忙しくなる実年の年になると、レコードなどは買わなくなっていったはずだ。その頃から、ジャニーズ事務所からなどの明らかな未成年対象路線が席巻してきたのだと思う。日本全体も経済に余力が出来て、親も未成年の子供に過分な小遣いを与え、その世代の者がレコードやＣＤを買いまくるようになったのではないかと思う。団塊の世代が隠居し出してそろそろ暇になる最近では、高齢者ターゲットのナツメロ流行歌に多少シフトしてくるかもしれない。ＣＤは買わなくても、テレビのＣＭを見てくれるだろう。しかしまた、テレビの数々の欺瞞点が周知されるようになってきており、現在のテレビ番組自体の先行きの方がずっと怪しいというべきかもしれない。

中学三年の時の同級生だったＳ君は学校随一のダンディボーイだった。彼が、ある日教室で、「昨日、橋幸夫のステージを観てきたけど、物凄く格好よかったでぇ」と皆に言うのを聞いて、僕は「へえっ？」と思った。橋幸夫については、歌は上手いが容姿が良いとは僕は思っていなかった。しかし今思うに、Ｓ君はステージでの衣装や振る舞い、そして歌の素晴らしさと存在感を総じて「格好よい」と感じたのだろう。僕は、貧乏な生活に慣れていたから、物を買うとか映画館や舞台を観に行くとかという世界が身近のものとは思っていなかったので、「そういうのに行くことがあるんだなあ」と思い知った。しかし、もともと邪魔臭がりであったし、自由に使うお金もなかったし、その後もそういうのにわざわざ行こうとは全く思わなかった。

ただ、小学校低学年から中学生の間には映画館には連れて行ってもらうことがあった。最も古い記憶にあるのは、休学中の小学校二年生の時に、ＴＵさんに「ゴジラ」を観に連れていってもらったことだ。ＴＵさんは、当時、母親が子宮癌の術後の不調で内科入院を続けていた阿倍野市民病院の若い主治医だった。ゴジラシリーズの第一作のものだ。僕が大変喜んだので、TUさんは第二作の「ゴジラの逆襲」にも連れて行ってくれた。TUさんが三和銀行の阿部野橋支店に勤務していた僕の長姉に好意を寄せていたことは僕も知っていた。長姉はリチャード・バートンと市川雷蔵の強烈なファンだった。「哀愁の街に霧が降る」を歌った山田真二にも気がいっていた。この姉にはリチャード・バートンとジーン・シモンズとの「聖衣」に連れて行ってもらった。最初のシネマスコープ作品だという宣伝も覚えている。

それらの中でも一番影響を与えてくれたのはミュージカルだった。これらも全部長姉に連れて行ってもらったのだと思う。記憶にあるのは、ミッチー・ゲイナーの「南太平洋」、ユル・ブリンナーとデボラ・カーの「王様と私」、そして、中学生の時に見たジュリー・アンドリュースの「サウンド・オブ・ミュージック」だった。影響を与えたということは、具体的には、その楽曲を覚えこんでしまったということだ。「南太平洋」のミュージック・ナンバーのうちで、「魅惑の宵」、「バリハイ」、「ハッピー・トーク」の三つが子供ながらにも大好きになった。

「サウンド・オブ・ミュージック」はあまりにも好きになり過ぎて、LPレコードを買って、全曲を歌えるように覚えてしまった。この頃は英語歌詞への憧れが大きかった。日本人の僕から英語の歌詞を見ると、フレッシュで格好よくて、カルチャー・ギャップを見つける喜びを感じた。僕は、大人になっても、これらの曲を風呂場で歌うことがあった。このアルバムの中の全曲が気に入った。いわゆる「捨て曲」のようなものがなく、全て高品質であった。そして、ジュリー・アンドリュースは歴代屈指の力量のミュージカル・シンガーだった。こういうのを、リアルタイムで体験できたことがラッキーだったと思う。ミュージカル映画においては、歌唱の部分は「替え玉」というのがむしろ一般的だったが、ジュリー・アンドリュース自身は、信じ難い広さの音域をこなせる歌手として賞賛されていた。

その他にも素晴らしいミュージカルが多かった時代であるが、自分独りや友達と一緒に映画に行くということを思ったことがなかったので、多くはリアルタイムには知らなかった。

中学三年生のクラス担当のU先生は、長身で日本人離れした彫りの深い顔つきで、一匹狼だった。ほとんどの男子生徒からは悪口を言われていた。しかし、異邦人的な面のある僕には初めから引かれるところがあった。U先生は、毎日の授業の最後のホームルームの時間に、「寒い朝」をクラス全員に歌わせて解散させた。「寒い朝」は吉永小百合のデビュー曲で、マヒナスターズと一緒に歌ったものだ。この年の四月にリリースされて非常なヒットになっていた。ホームルームというシチュエーションで、この素晴らしい「寒い朝」を毎日クラス全員で歌うことが出来たのは実に幸せな気分だった。U先生が実にロマンチストであったことは、疑う余地がなかった。

この同じ年の秋に橋幸夫と吉永小百合は「いつでも夢を」のデュエット曲をリリースして、大人気になった。こういうタイミングの時に学生時代を過ごすことが出来て、やはり実に幸せだったと思う。

このU先生は僕にかなりの良い影響を与えてくれた。中学二年と三年の二年続けて僕の担任だった。三年も引き続いて担当になった時に、僕はU先生が僕を選んだのだと思った。僕は成績は良かったが、日常生活における知能指数的な能力に難点があった。つまり、頭の回転が悪くてボーッとしていた。そういうところもU先生が好んでくれた。ホームルームの時に、それらしいことをU先生が他の生徒たちに言ったことがあった。

U先生は美術担当で、相当に変なところのある人だった。助平なことをするので、「スケチョン」と言われていた。ハンカチを女子生徒の胸のポケットに入れるなどの微妙で怪しいことを二年のホームルームで衆目の中でやっていた。しかし、誰も大きい問題にしなかった。僕も「またやっている」と思いながらも、女子生徒の方もそんなに困っていなかったようだし、問題とは思わなかった。今なら、アウトだ。

また、理科のSB先生は物凄く怒る人で、生徒を殴ることもあった。今なら、アウトだ。しかも、この先生の場合は、気分によって怒ったり怒らなかったりしたようなので、生徒からの共感は得られてはいなかった。僕たちは、この先生とも卒業したらおさらばだと思っていた。卒業時の「お礼参り」というような、その後の世間にあるようなことは誰も考えなかった。

弱い生徒に対しての教室内での軽い集団的イタズラ～イジメもあった。される本人は「軽い」というのはないだろう。もちろん、この時代でもアウトのはずだった。イジメをする側はいけない。ただ、この頃は、大体においては、「嫌なこともあと数年したらおさらばだし、卒業までの我慢だ」という風な想像力が皆に機能していたように思える。今なら、時には自殺するまでに思い詰めてしまうことになる。親も世間も「もっと想像力を培って、強い人間になれ」とは言わず、「可哀そうだ」とだけ言う。厳しい世間に羽ばたく前の予行演習になっていない。僕は今の世の中の方が嫌だ。

二年生のある日の放課後に、U先生が僕に音楽教室に一緒に行こうと言った。ついて行くと、おもむろにレコードをかけて聴かせてくれた。それは、ベートーベンの交響曲第六番「田園」だった。U先生はこの曲がかかっている間中、閉眼して瞑想している風だった。それは彼のお決まりのパターンだった。僕もそれに倣って閉眼して聴くことに集中した。この田園交響曲は実に美しいメロディーが幾重にも展開されるので、クラシック音楽の入門として実に適切であったと思う。実際、僕のクラシック音楽への傾倒はこの時にはっきりした。

ただ、U先生からのクラシック音楽への招待については、その後は何もなかった。別の機会には、わざわざ僕を放課後の放送室に押し入れて、「国土省の土地開発のプランは役所に行けば閲覧できるからね。それを見に行って早目に土地を買っておくと儲かるよ」というのを教えてくれたことがあった。中部地方のある地域を扱った国土省地理院の地図を拡げながらだった。僕はU先生の意図が判らなかった。今から思うと、貧乏な家庭の僕に知恵を付けようとしてくれていたと思う。もう一つ、「中学一年の女性と三年の女性とは太腿の脂肪の乗り方が随分と違うんだ」と、びっくりするようなことを僕だけに教えてくれたことがあった。U先生は女子卓球部の顧問をしていた。そういえば、女子卓球部は美少女が揃っていたように思う。しかし、僕はその頃はそんなことにあまり関心を持っていなかったので、その後、特に女子卓球部の大腿をわざわざ見学しに行ったことはなかった。

「田園交響曲」についていえば、小学生高学年の時に校外授業として、近くの映画館にディズニー映画の「ファンタジア」を観につれて行ってもらったことがあった。アニメーション映画にクラシック音楽のバックを付けたようなもので（実は、その逆らしい）、当時は話題になった。「魔法使いの弟子」「禿山の一夜」「アヴェ・マリア」など全部で八曲が組み込まれているが、五番目に使われているのが、「田園交響曲」だった。だから、「田園交響曲」はU先生に聴かせてもらった時が初めてではなかったことになる。

この書物を書いている時に、ホームセンターにこの「ファンタジア」の映画のDVDが中古安売りの棚にあったので、孫にも見せようと思って買った。演奏は、ストコフスキー指揮のフィラデルフィア管弦楽団だった。このDVDを改めて視聴してみると、僕の慣れからすれば、違和感を感じる程の非常に緩徐な演奏だった。しかし、これもこれで好かった。この映画は史上最初のステレオ音声作品という歴史的作品でもあったらしい。

「田園交響曲」は田園の風景や気候を描写したようなもので、標題音楽的な傾向が明らかだが、「そういうイメージであるが具体的な表現ではないから、絶対音楽として鑑賞すべきだ」という意見もある。立派な曲だからそういうのだろうか。

小学校の時に行進曲やカンツォーネのレコードを買ってきて聴かせてくれた兄が、ちょうどこの頃に、ベートーベンの交響曲第三番「英雄」のドーナツ盤を買ってきた。兄は「英雄はこの指揮者のカイルベルトが良いらしい」と言っていたので、僕も聴きながらカイルベルトが良いんだなと納得したりした。そうこうしているうちに、シューベルトの「未完成交響曲」、ベートーベンの「交響曲第五番」が増えた。そして、やっと僕も「田園交響曲」を買ってきた。これは「どうもロマンチックな曲想にはブルーノ・ワルターが良い」とどこかで読んだので、それを選んだ。なお、ベートーベンの第五交響曲を「運命」というのは日本だけであって、作曲者はそんな命名はしていない、ということもレコード・ジャケットに書いてあった。「英雄」と「田園」は作曲者が命名に関係している。

こうなってくると、指揮者のことも少しは知りたいと思った。この時代は、ベルリン・フィルハーモニーのカラヤンが第一人者だったが、少し前の世代は、ベルリン・フィルのフルトベングラーとNBC交響楽団のトスカニーニが主導していたことを知った。

実際に、その後、フルトベングラーの「英雄」のレコードを買って聴いたが、テンポが滅茶苦茶に変化するので驚いた。緩徐のフレーズの後には異様にテンポを速めたフレーズが来たり、その逆もあり、その繰り返しだった。一方のトスカニーニの方もラジオで聴いたことがあるが、こちらの方は強弱や緩急の変化が最小限しかなかった。僕は、どっちもピタリとははまらなかったので、やはりカイルベルトで好かった。しかし、フルトベングラーなら、心の準備をしておくと非常に興奮して楽しめるかもしれないが、トスカニーニは退屈してしまうと思った。

ユージン・オーマンディ指揮・フィラデルフィア管弦楽団演奏のベートーベンの「交響曲第七番」と「交響曲第八番」の入ったレコードを買ったのも、何かの寸評のお勧めだった。フィラデルフィア・サウンド（オーマンディ・トーン）と言われるまでに洗練された音ということだった。他との比較はしなかったが、大満足のレコードだった。オーマンディはストコフスキーの後継者に当たる。

高校生になると、流行歌などについてはほとんど特記するようなことは思い出せない。興味は勉強の方に向いていたのだろう。高校に入ると勉強内容が急に難しくなったのだ。進学した府立高校における当時の勉強の方針は、三年間を予備校的に考えているというようなものだった。別の言い方をすると、この学校のカリキュラムを何も考えずにこなしていけば大学受験は困らないだろうというものだ。各ブロック内の高校に格差を作ってあるので、その結果、貧乏人の子弟でも目標の大学をお金を全く掛けずに目指すことができたのだ。

その後、高校に格差があるのは不公平だというから、貧乏人は目標の大学を目指すことが非常に困難になった。

実は、中学三年生の途中で、大阪府の高校のブロックの統合化が行われて五ブロックになり、進学校の御三家の一校だった大手前高校への受験が僕の中学からも可能になった。結局は、僕が結核で小学校の入学が一年遅れたので、それが可能になったのだ。僕はこんなことから、「人生塞翁が馬」ということを人生訓にするようになった。可笑しいことに、僕の父親もこれを人生訓としていたらしい。

勉強は忙しくなったが、僕の高校一年生の時に舟木一夫が「高校三年生」でデビューを果たしたので、テレビでよく知っていた。少し遅れて、三田明が「美しい十代」でデビューした。三田明は歌唱もそこそこで良かったと僕は思っているが、とにかく美少年だった。この二人の曲も僕に青春のスパイスを与えてくれた。僕の青春流行歌手の「御三家」は橋幸夫とこの二人だ。一般的にも、最初はそのようだったが、途中から直ぐに三田が外されて西郷輝彦になっていたのは、今でも納得がいかない。レコード会社の戦いの中でそういう図式になったようだ。

特に、舟木はその後も学園ものの歌を量産し、それらが皆ヒットしていって、確固たる地位を築いていった。その多くは今でも好きだが、中でも高校二年生の時に出会った「花咲く乙女たち」は僕の最も好きなものだ。この「花咲く乙女たち」と藤山一郎の「青い山脈」は前奏と間奏の組み合わせが絶妙であり、このことが曲の見事さを印象付けていると僕は思っている。

なお、「青い山脈」は以前のアンケートで明治から昭和までの百年の最も心に残る歌で一位を獲得したことがある。

　僕は自分から映画館へ行くという習慣がなかったので、青春歌手たちが銀幕で大活躍していたことなどは全く知らなかった。実年になってユーチューブを楽しむようになって、初めてそのことを知った。そして、ユーチューブで非常に甘い歌声が際立っている安達明という歌手を知った。それは「女学生」という曲だった。僕の聴く曲に関心を示さないワイフの耳に届いたらしく、珍しくも「これは誰が歌っているの」と聞いてきた。それ程の甘い声だったということだろう。吉永小百合が主演した映画の中に流れている曲だ。かなりヒットした曲らしいが、当時の僕は全く知らなかった。歌番組はあまり観なくて勉強をしていたらしい。彼はそれから三年後には引退したらしい。


　高校時代に一番親しくなった友達は二年生と三年生とが同じクラスのY君だった。彼は文学の領域で凄い才能を持っているように僕は認識していたが、クラシック音楽にも造詣があった。僕はY君にポピュラーなクラシックの小品を含むいろんな曲を教えてもらった。僕の家には僕の蔵書とかレコードのコレクションは数える程しかなかった。彼の家は古い見栄えのしない造りだったが、彼には自分の部屋があり、沢山の蔵書で暗い部屋は図書室のようになっていた。

　そして、ある程度の数のレコードも揃っていた。どれもクラシック音楽だった。サラサーテのバイオリン曲「チゴイネルワイゼン」やフェラーリの歌劇「マドンナの宝石」の間奏曲とか、オッフェンバッハの喜歌劇「天国と地獄」の序曲などの万人が素晴らしいとか美しいとか思ってしまうような小品なので、素人の入り口としては入り易いものだった。

中でも、モーツァルトのフルート協奏曲第二番とかビゼーの「アルルの女・第二組曲」のメヌエットとかのフルートの音色に魅力を感じた。小中学校の運動会の徒競走やリレーの時にスピーカーから必ず流れてくる威勢の良い二曲のうちの一曲が「天国と地獄」の中の一節であることを、彼のレコードから知った。パチンコ屋における軍艦マーチのようなものだ。

彼のコレクションの中で面白いものがあった。これは少し長目の曲のLP盤だった。ロシアの作曲家のイッポリトフ・イワーノフによる組曲「コーカサスの風景」という曲だ。コーカサス地方の民謡からヒントを得て作曲したとジャケットに書いてあった。四曲が組まれているが、①「峡谷にて」と④「酋長の行進」は盛大なオーケストレーションがあり、単純明快に素晴らしい曲だ。②「村にて」は主旋律をイングリッシュ・ホルンとビオラが緩徐な旋律を織りなし、③「僧院にて」はオーボエを主とする木管楽器がやはり緩徐な旋律を奏でるのだが、僕はこれらの曲にじわじわと深い感銘を受けた。④はのっけからピッコロが主旋律を謳い上げるので、それも悪くはなかったが、間にある二曲のような渋い曲の良さを教えてくれたレコードだった。

今ならCDに取り込ませてもらったり出来るが、当時僕は、一見してレアと思われるこのレコードがどうしても欲しくて、その後、Y君の家で交渉して五百円で買い取ることに成功して、今も僕のコレクションとして残っている。Y君が売ってくれることになった直後に、彼の兄さんがたまたま部屋に入ってきて、その経緯を知ったところ、「何でそんな阿呆なことをするんや」と不機嫌な顔をして出て行ってしまった。兄さんはこの曲のレコードの貴重なことを思ったのだろう。僕はバツの悪い雰囲気を感じたが、直ぐに別の話題に切り替えて済ませた。Y君は別に後悔している風でもなかった。

ところが、数十年経って片面がこの曲で、もう片面がボロディンやムソグルスキーの小曲を合わせた、まあいえばロシア民族系の音楽のアラカルトのようなLPレコードを見つけて買っておいたので、現在はこの曲を二枚持っていることになる。彼にお礼を言って返却しても良いのだが、彼はその後に精神的な変調をきたして長く患い、そして早逝してしまった。僕はY君の文学的奇才を大変惜しんだ。

ところで、その後大学生になってから、この曲のスコア(総譜)が音楽専門の本屋に売っているのを見つけて買った。小さいB6判の普及版のスコアが売っているくらいだから、そんなに知られていない曲ではないとも言える。しかしながら、僕は、クラシック演奏会などには滅多に行かないので実は判らないのだが、この「コーカサスの風景」を演奏会で演奏するようなことは聞いたことがない。

僕の高校は大阪城の大手門に面したところにあり、夜間の定時制高校も併設していた。高校三年生の時に、何かの理由で夕方遅くに教室に戻ったことがあった。教室の中で私服姿の男子がフルートを吹いていた。僕からはプロのように思えたくらい上手だった。直近でフルートの素晴らしい演奏を聴くという貴重な体験で、とんでもなく感動した。

彼はそのうちに僕の存在に気が付いて、吹くのを止めてこっちの方に顔を向けた。僕は「凄くうまいですねえ。そんだけ吹けたら楽しいですねえ」と話しかけた。しかし彼はあまり表情を変えずに、「いや、これ仕事なんで、もうあまり楽しくはないいんですよ」と自嘲気味に答えた。僕はそれ以上発言する言葉が見付からず、「頑張って下さい。じゃあ」と言って部屋を出て行った。彼は何かの楽団に入っていて高校は卒業しておこうと思っているのかなと思ったが、いやそうではなく、彼は芸術大学の入学試験を控えて頑張っていたのかもしれない。とにかく、もう意識は職業人であったようだ。全日制の普通科などに通学している呑気な僕にとって、意味のある出会いの機会だった。

教室を出た僕は直ぐに誰もいない音楽教室に入っていった。そこには楽器が保管してあるのを知っていたからだ。無断でフルートをケースから取り出して、しばらくの間吹く練習をしたのだ。流石に音は出なかった。この頃は全てが呑気な「古くて佳き時代の日本」であって、セキュリティは悪いが実際にあんまり問題は起こらず、まあ僕がしたような程度だったのだろう。しかし、こういう校則違反的な行動は続けることは難しいと考えて、比較的直ぐに楽器店にフルートを買いに行った。この頃には、少しは小遣いを貯金できるような家庭状況になってきていた。

4　フルートのことなど

五十歳を過ぎた最近の二十年ほどはフルートを吹くことはほとんどなくなったが、高校三年生の時にフルートを買ってからの三十年程は、折に触れて自分だけで練習や演奏を楽しんだ。心斎橋筋の商店街にある大きい楽器店に行って、二万円くらいの一番安いフルートを買っておいた。この価格クラスのものは洋銀製でニッケルと亜鉛と銅の合金で出来ている。この当時のプロが最も普通に使用していたものは総銀製のものだったと思う。それから教則本も買った。自分で探し回ると、どうも「アルテの教則本（訳本）」が立派に思えてそれを買った。もう一つ、当時の我が国のフルート奏者の第一人者であった吉田雅夫の「フルート教則本」というのも買っておいた。それからは、浪人生活を含む大学に通るまでの一年半の間は、自宅でフルートの練習をボツボツ続けていた。そうすると下手ながらにも「アルルの女」やモーツァルトの「フルート協奏曲」は部分的にはこなせるようになっていった。

後年には、大学の同級生のTM君の結婚披露宴で森山良子の「この広い野原いっぱい」の曲を同じ同級生のKT君のギターとの二人の伴奏で会場の皆に歌ってもらったことがあった。大学の職員の文化イベントで先輩研究者のクラリネットとギターとの合奏をしたこともあった。

曲目は忘れてしまった。二十年くらい前には自院の老人デイケアの夏祭りにアトラクションとして独奏を試みたことがある。人前で演奏する域には全然達していないのは自覚していたが、いずれも「愛嬌で」と、楽しませてもらった。衆人の前で演奏したのは多分これくらいで、自宅で秘かに楽しんでいた。

浪人一年後に僕は京都大学・医学部に合格した。入学したその足で京大オーケストラ部に入部した。しかし、客観状況を理解して、フルートでの部活は断念して、ビオラをゼロから始めることになった。ところが、その部活は一年で退部してしまった。その後は、大学時代から勤務医時代にかけて三十年程の間は、たまに思いついた時にフルートを練習したりして楽しんだ。

最初に買ったフルートはそのうちに満足できなくなって、大学院に進んだ時に総銀製のフルートを買った。京大の同級生で皮膚科に進んだMR君の付き合っていたBさんが中学校の音楽の先生をしていたので、大阪の京阪沿線にある彼女の知り合いの小さい楽器店に連れて行ってもらった。それまでは運指で穴を塞ぐ金属の蓋（カップ）は穴が開いていなかったが（カバードキー）、今度は穴の開いたもの（リングキー）に替えた。一長一短はあるらしいが、リングキーの場合は、カップの開口角度がより狭くても音質に不都合はないので、指の動きがわずかで済むことになり、より素早い運指が可能だという利点がある。僕の選んだ理由はそんな高度のところにはなくて、指でカップを押さえる時に収まりが良いように感じたからと、指腹できっちりと蓋の真ん中の穴を漏れのないように押さえないと正確な音が出ないので、運指の矯正に良いと思った。

それから数年経って、奈良県の天理よろづ相談所という風変わりな屋号ではあるが、実はレベルの高いマンモス病院であったところに呼吸器外科医として数年赴任していた時のことだった。病棟で働いている若いナースがフルートをやっているという。話を聞いてみると、奈良交響楽団に入れてもらっていて、月に何回か夜の練習に行っているとのことだった。六年前に創立したばかりのアマチュア楽団だった。練習は平日では就業の終わった夜間となる。「一度、一緒に行きませんか」というので、ある日の夕方、奈良市に車で一緒に出掛けた。

紹介してもらった六十歳前後と思われる気さくな感じの男性指揮者から、「まあ、試しに一緒に練習し始めて下さい」ということになった。「え、昔、ビオラをやっていた？ じゃあ、ビオラをしませんか」となったが、ビオラはもっと自信がなかったので、それはお断わりした。楽団としては希少価値のビオラなら大歓迎だったに違いなかった。

フルートのパート楽譜のコピーを頂いて椅子に座った。曲目はグリーグの「ピアノ協奏曲・イ短調」だったが、この曲はフルートが活躍するので大好きな曲だった。レコードはもとより、もともと家にはスコアまで揃えている曲目だった。それまでにスコアを見ながらフルートの第一奏者のパートを面白がって吹いたことも何度もあった。趣味ですするのに、断片的で裏旋律ばかりの第二奏者のパートをワザワザ選ぶはずはない。この曲はフルートの音色が非常に華やかで美しいが、非常に高い音を何度か要求される。僕には出せない箇所があった。もちろん、その日に渡された楽譜は当然ながら第二奏者のパートだった。第二奏者の悲哀を味わうという貴重な経験をしながら、指揮に合わせて練習の時間を過ごした。

結局、仕事も超絶に忙しかったし、そのまま時間が過ぎ去ってしまって、再び練習に出かけることはなかった。

物事は、最初は金を出してきっちりプロに教えてもらうのが一番上手くいくものだ。僕は、金も時間もなかったし、自己流にするというのが邪魔くさがりの僕のスタイルなのでもあった。そういうことで、人前で演奏するような程度にはいまだに全然至っていないのが「落ち」なのだ。端的に言えば、僕はいまだに呼気を腹から出せず喉から出しているので、音色がまだまだ悪い。そういえば、僕は小児結核のせいで肺活量が若い頃でも三リットルに満たないという換気障害を持っている。また、僕は口笛を吹くことが出来ないことから、舌と口唇のコントロールが何かしら悪いのだろうと思う。歯並びの悪いせいかもしれないいかなと以前から首を傾げているのだが、きっちりと原因探索をしたことはない。

フルートは通常は三オクターブ出るようになっているが、最も高い数音符は上手く出せない。これも、換気障害があるために、高音の際の気流が不十分なのかもしれない。しかし、本当は、練習不足で口唇の周囲の筋肉の鍛錬が悪いだけなのかもしれない。など、その時々でいろんなことが頭に浮かんだが、何事でも練習をコツコツする習慣はなかった。

天理の病院の後で一年間米国へ基礎研究者として留学していた時に、若い白人の青年に数カ月の間フルートを習ったことがあった。だから、プロに短期間だが指導を受けたことがあったことになる。この時は、新婚状態で渡米したので、ワイフにもフルートを習ってもらおうと思って、二人揃って習ったのだった。その後、直ぐに二人は麻雀に深く嵌ってしまい、週末は日本人仲間と毎週徹夜マージャンによって時間を潰してしまったので、他のことはほとんど何も出来なくなってしまった。米国まで行っていて実に阿呆らしいことだった。


ただ一つ確かなことは、フルートという楽器は最も呼気を無駄にする楽器である。つまり、他の金管楽器にせよ木管楽器にせよ、これらは口唇から発した呼気は全量楽器の中に入っていく。他方、フルートは三分の一から半分くらいしか楽器の中に入っていかない。大部分の呼気は初手から無駄となって散っていくのだ。高音か低音かのコントロールは、吹き込む角度と口唇の閉め方や気流の強弱などの微調整をすることによって行うので、その都度、楽器の中に入っていく比率は変わっている。ということで、僕のような肉体的欠陥があって、かつ、集中して努力をするという性格に欠ける人間が手を出す楽器ではなかったのだろう。

オーケストラへの入部の時に、ビオラに決める前にオーボエを試みに吹いたことがあるが、吸った息が細い頸管の中になかなか出し切れなくて、大いにびっくりしたものだった。息が無駄どころか、息を吹き込めないのだ。今から考えると（今、書いていて実際にそう思った）、あれは僕に合っていたかもしれない。後の祭りだ。

フルートは低音で緩徐なフレーズこそ痺れるくらい素晴らしいことが、そのうちに分かってきた。しかし、やはり、中高音での急速的フレーズは最大の魅力でもある。速いフレーズに対して迅速に対応するには、手指の動き（運指）と呼気の動きが同期しないといけない。手指はどうしても小指に向かうほど俊敏性と筋力の両方が落ちる傾向にあるが、フルートは他の楽器に比べてこの影響が出やすいのではないかと思った。この楽器は他の木管楽器に比べて固定に難点があるように思われる。左手人差し指の基部で口唇の方に歌口を押し付けながら、右手の親指で本体の下面を支えている。つまり三点保持なのだが不安定なのだ。口の方は、他の木管楽器と違って、口で咥えておらず当てているだけなので、この意味でも基本的に不安定だ。それでも、常は、右の小指が四点目の固定点になるので、しっかり固定できるのだが、その小指を運指に使う時には固定点から外れるので、その時に不安定になりがちだ。勿論、こういうことは下手な者の話である。

急速フレーズにおける呼気のコントロールは、意外と、僕には困難過ぎることはなかった。スラー記号が付いていない限り、音を出すときは呼気と同時にタンギングを行わないといけない。そうでないと滑舌の悪い発音と同じようなだらしのない音質になってしまう。スタッカート記号の場合は、このタンギングを意識的に強くする。タンギングとは「トゥ」、「トゥ」と舌先を上顎側の門歯の歯肉の内側を叩くことで呼気を開閉（実は、閉開）し、音の初めを明確にすることだ。この、舌の動きの速さが指の速さと一致すれば上手に演奏できる。この速さも練習次第だが、それでも限度がある。僕の場合は、せいぜい一秒間に四〜五回しかタンギングが出来ない。

ただ、これより速いリズムでは、タンギングの間に喉（声門）で「ク」、「ク」、という呼気の閉開を挿入すると、タンギングが二倍に増えたような効果となる。こういう表現はないが、タンギング＋スロウティングというべきものだ。つまり、僕のような素人奏者であっても、タンギングの方は一秒間に八〜十回はこなせることになる。そうすると、アレグロの急速楽章での十六部音符であっても、対応が出来る。ある程度の練習を積み重ねると、トゥ・ク・トゥ・ク・トゥ・クというタンギングと本来のトゥ・トゥ・トゥ・トゥ・トゥとの差は聴き手には判らない。さらに、トゥ・トゥ・トゥやトゥ・ク・トゥ・ク・トゥ・クというのを、ドゥ・ドゥ・ドゥやドゥ・グ・ドゥ・グ・ドゥ・グというタンギングに調整する仕方がある。マイルドな音質にしたい時にこちらを選択することがあるが、特に難しくなるわけではない。

そうであるので、そのうちにはフルート協奏曲の緩徐楽章である第二楽章はほとんど問題なく演奏できるし、第一楽章や第三楽章の急速フレーズでも特別に難しいところは別にして、本人が楽しむ範囲では、「今日は上手いこと吹けた」とかで、それなりに楽しくやることができた。しかし、こうして適当に楽しめるから、演奏の基本になる肝腎の音色が悪いままで終わってしまっている。音色を美しくする練習を当初から数十年間怠ってきたからだ。対策は、「ロングトーン」の練習の徹底であった。それに加えてアルペジオ的な音階練習を反復することだったのだろう。初めから分かっていたのだが、僕の性格ではできなかった。

このような経過の中で、僕はフルート曲のレコードや楽譜をぼつぼつ買っておいた。ただ、大学院を卒業してからは、仕事が忙しくない時期が訪れることはなく、レコード店や音楽書店に出掛けることもなくなった。コレクションはほとんどがそれまでのものだ。

フルート協奏曲では、モーツァルトの「第二番」が最もポピュラーなものだ。モーツァルトの時代ではフルートはまだ発展途上の楽器で、音程が不安定だったそうだ。どの程度不安定なのか僕には判らないが、とにかくモーツァルトはそういうフルートがあまり好きではなかった。当時、彼は貴族からフルート協奏曲を二曲作ってくれという依頼を受けていた。「第一番」は何とか作曲したが、気が乗らなかったので「第二番」は既に作っていた「オーボエ協奏曲」をほとんどそのままで、転調だけおこなって胡麻化しておいた。このインチキはバレてしまって、依頼者からの支払いのことで揉めたらしい。皮肉にも、こうした経緯の曲が一番有名なフルート協奏曲第二番になっている。元の「オーボエ協奏曲」も有名な曲で、しばしば演奏されている。しかし、「第一番」も流石にモーツァルトであって、「第二番」に肉薄している。モーツァルトには「フルートとハープのための協奏曲」という大変美しい曲もある。

僕は「極めよう」と努力し続けたり「オタク」になったりする資質がないので、フルート協奏曲一つをとっても、多くの曲を知っている訳ではなく、たまたま出くわした曲を知っているだけだ。そうした経験の中で、僕が最も美しい曲だと思ったのが、シュターミッツ作曲の「フルート協奏曲」だった。これらの四つのフルート協奏曲はパート楽譜とスコアを両方とも買っておいた。演奏で楽しむ時はパート楽譜を用いるけれども、レコード鑑賞の時はスコアを読みながら楽しむこともある。

大学生の時に下宿で夜のラジオのクラシック番組を聴いていたが、その番組の初めに流れるテーマ曲がフルートの美しいメロディーだった。この曲名をずっと知りたかったが、十年以上後になって、何かの機会にこのテーマ曲がシュターミッツ作曲のフルート協奏曲・第二楽章の冒頭の部分であったことを知ることが漸くできた。そして、レコードを買ったのだった。

美しいフルート曲の宝庫の一つは、モーツァルト以前のバロック音楽にある。単純明快に素晴らしいのは、ビバルディの「フルート協奏曲集・作品10」だ。全部で六番までの協奏曲が含まれているが、どれもこれも美しい。ビバルディといえば「バイオリン協奏曲集・四季」というのが非常に有名だが、それと似たパターンの構成になっている。ビバルディには「六つのフルートソナタ集・忠実なる羊飼」というやはり美しい作品もあって、癒し系の曲だ。バロックというと大物のバッハがいるが、彼も多くのフルートが活躍する曲を作っている。ブランデンブルク協奏曲というシリーズで六曲作っているが、そのうちの「第五番」の独奏楽器は、フルート、バイオリン、チェンバロであり、フルートの活躍が目立つ美しい旋律の曲だ。バッハには、他にフルート曲として有名な「管弦楽組曲・第二番」というのがある。この二曲が裏表に収められているレコードは結構多くて、僕もそれを持っている。さらに、僕は、「バッハのフルートソナタ全曲」というレコードを持っており、これには八曲が収められている。

他のフルートの小品としては、ビゼーの「アルルの女・第二組曲」のメヌエットが非常に有名だ。印象派の作品におけるフルートの音色は独特な響きを持っていて、気怠いけれども幸せな気分に浸ることになる。例えば、ドビュッシーの「牧神の午後への前奏曲」や「シリンクス」が有名だ。フォーレの「シシリエンヌ（シチリアーノ）」は元来チェロとピアノのために書いた曲だが、フルートでもよく演奏される。

フルートという楽器は素人を含めると管楽器では一番プレイしている人が多いらしい。単純明快的に「美しいなあ」と感じるから好まれるのだろう。しかし、フルートという楽器の音色は華やかであるが故に、長く聴いていると飽きてくる。しばしば、癇に障ることになるかもしれない。こういうことは、これまでに僕が散々褒めていた独奏の小品や協奏曲などでも起こりうることだ。僕自身がそうだ。そういう点からは、交響曲や他の楽器の協奏曲の中でフルートが活躍するような曲を鑑賞するのが一番素晴らしく、「隠れ名所」のようなものだと僕は思っている。

スメタナ作曲の交響詩「わが祖国」の第二曲・モルダウで、いきなり冒頭から二本のフルート旋律が絡み合って流れていき、次第に他の楽器が重なっていくという様は何とも言い難く素晴らしい。水源のようなところからボヘミア盆地に至るまでの水流が次第に集まって流れるモルダウ川の水の情景をこの曲で表現している。この川はプラハの街を抜けてエルベ川に合流して最後は北海に抜ける。この水源の分水嶺の南側は黒海に抜けるドナウ川の水系である。僕はグリーグの「ピアノ協奏曲・イ短調」で何度も舞台に上がってくるような感じのフルートの音色もとても美しいと思う。

その他では、ベートーベンの「交響曲第四番」の第一楽章も短いけれどもフルートが主旋律を先導したりするところが美しい。ドボルザークの「交響曲第九番・新世界より」は、第二楽章で主旋律をイングリッシュ・ホルンで奏でるところが非常に有名で、中学校の音楽の教科書にも「家路」という歌詞を振った曲として載っていたほどだが、第一楽章の方が良いと思うこともある。この楽章では、短いけれどもフルートが主旋律を先導しているところがある。ドボルザークは美しいメロディー作りの屈指の職人であり、「交響曲第八番」も「第九番」に劣らぬ美しいメロディーを持った曲だ。「第八番」の第一楽章や第四楽章でもフルートの旋律が飛び出してくるところがあって気に入っている。

呼気に関わるいろんな物理的なパラメーターがあるが、それらの変動で音色が変わることは当然ある訳である。交響曲の中で流れてくるフルートの音色も、曲が違えば多少違う感じがする。僕は、グリーグの「ピアノ協奏曲」の中のフルートの音色が気に入っていると書いているが、結局それは、楽譜に指定された音符の並び方にも拠るのだろう。

僕は以前から、その点についてクラリネットに注目していた。ブラスバンドとジャズとクラシックとでは、極論すれば別の楽器のように印象が違うように気付いたからだ。ブラスバンドにおけるクラリネットは基本の旋律を一番こなしている重要なパートであろうと想像するのだが、その音色は言っては悪いが、僕にはそれほど素晴らしいとは感じない。ところが、例えば、交響曲におけるクラリネットは他の木管楽器と同様に、しばしばソロパート的な重要なフレーズを要求されている。クラシックにおけるクラリネットでは呼気が全般的にブラスバンドにおける軽奏に比べて重奏であるからであろうと思っている。クラシックでは全般的に、管楽器もロングトーン旋律が多い。こういうことなどで、特にクラリネットはブランスバンドとクラシックとでは楽器が違うと言いたくなる程に音色が違っているように感じる。

僕の親父が愛していたジャズ・クラリネットは、軽奏的と思われるが、ブラスバンドとは異なり、独奏のことが多いので、また独特の音色に感じる。この古き佳き時代の味わいは追随を許さないところもあるだろうが、僕はクラシックのクラリネットの音色が一番好きだ。

「演奏者によって音色が違う」ということは、もちろんあるのだろう。例えば、僕の青年時代にフルートの名手と言われていたフランスのジャン・ピエール・ランパルは華やかな音色ということで定評があったが、その効果をさらに上げるために、金製の楽器を使っていた。プラチナの楽器もあるようだ。金属の比重が高いほど良い音色が出るということだった。彼に比べて、ドイツのオーレル・ニコレの方はなんだか渋い感じだった。

ところが、最近久々にテレビでクラシック番組を観てみると、黒い色のフルートを使っている奏者が増えているのに気付いた。つまり、クラリネットやオーボエなどと同じ材質のようだ。つまり、本来の木管楽器として、木材に回帰しているようだ。僕はクラリネットなどに用いられているのは、以前は黒檀であると聞いていたが、今ではグラナディラなどの別の硬木材を用いているらしい。やはり、材質の比重によって音色が微妙に違うらしい。最近は、フルートも煌びやかな音色より重厚な音色を好むようになったのかもしれない。

最近はまったくフルートを手にしなくなった。二十年くらい前に、右の薬指と小指の末節部の筋肉付着部に微小な剥離骨折を相次いで起こしたからだ。それで、指先の二つの関節が変形しているので、運指がスムーズに出来なくなってしまった。最初の怪我は町内のソフトボール大会において、ボールが当たって突き指をしたものだ。次の負傷はワイフと取っ組み合いの喧嘩をした際に、握力に勝るワイフに指の骨をへし折られていたものだ。整形外科に相談したら何とかなったかもしれないが、フルートもあまり上手くならなかったし、痛い処置を受けるのも嫌だなあと思って放っておいた。まあ、不都合と言えば、洗顔する際にその指が鼻の穴に入り易いことくらいで、楽器をしなければ何等問題はない。

僕は二十六年前に有床診療所を開院したが、勤務してもらっている理学療法士に相談したところ、それらの指の関節を良性肢位的に自然風に屈曲させておく金属性の装具を業者に依頼して持ってきてもらった。いわば二つ指輪が適当な角度で結合しているようなもので、それを指の関節の部分にはめるだけのものだ。歳をとって暇になったらピアノを習いたいということがあったからだが、この装具で再度、フルートを楽しむことも出来るかもしれない。最近、クリニックを後任に譲ったので、そういう暇も来るのではないかと期待している。僕には、いろんなことにおいて、今まで、「これで終わり」ということがない性格だったから、また始めようと思うかもしれない。

5　オーケストラのことなど

僕は京都大学医学部の入学試験に落ちてしまった。住居の直ぐ近くの大阪ＹＭＣＡ予備校土佐堀校に一年間通った。精神修養が足りなかったことを反省して、平常心を持つことを心掛ける訓練をすることを基本に一年後を期すようにした。この時の息抜きは、少し前に買ったフルートの練習と、浪人してから始めた夜のランニングだった。僕は、ずっと体育授業は不当にも禁止されていたが、小中高を通じて運動への憧れは抑制できず、授業外では校内でも勝手に友達と走り回っていた。

年が明けた一月、いよいよ入試が近づいていた頃だが、日曜日の朝に寝ぼけ眼でテレビを観ていたら、不意のことに、京都大学のオーケストラ部のことを取材した放送があった。その番組の中では、グリーグの「組曲・ペールギュント」の第一番の「朝」の演奏があった。最初にフルートが主旋律を奏で、それをオーボエが引き継ぎ、またフルートへという繰り返しの後で、弦楽器や他の楽器が盛り上げてくるというもので、僕の既に知っていた曲だった。朝の気分をモチーフにした清々しい曲の始まりが胸にしみじみと響いた。この時に「大学に通ったら、オーケストラに入ろう」という気持ちになった。

四月の入学後にオーケストラ部に入ってから判ったのだが、このテレビ番組は、京都大学交響楽団・創立五十周年記念の四大都市公演というイベントに関連したものだった。記念レコードが日本グラモフォンから出されていて、僕は部員の時にこれを買って持っている。ブラームス「交響曲第二番」、モーツァルト「ハフナー交響曲」、それに、グリーグ「組曲・ペールギュント」の「ソルベイグの歌」が収録されている。

過去の演奏公演会のプログラムを見たら、大体において、指揮者はプロの客員指揮者であることが多かった。驚いたことに、その前年にはNHK交響楽団の指揮者になっていた岩城宏之が、ベートーベン「交響曲第七番」をやっていた。そもそも、大阪フィルハーモニーの終身指揮者の朝比奈隆は京大学生時代に、当時の京大オーケストラの常任指揮者であったロシア人のメッテルに指揮法を師事してキャリアを始めている。そして、このオーケストラは、少なくない曲目の本邦初演を行っている。その中には、ベートーベン「交響曲第二番」やチャイコフスキー「交響曲第六番・悲愴」・バレエ音楽「白鳥の湖」が含まれている。そういう歴史があったというのを知った。

東山近衛通という市電の電停のすぐ傍に大きな瓦葺きの古臭いくすんだ雰囲気の練習場があった。向かいには社交ダンス部があり、奥には吉田寮という学生用の崩れかけたような宿舎があったりした。要するに京大教養部キャンパスから続く敷地だった。

入り口でフルートを吹いていた学生服の部員に、入部したいこととフルートを少しかじっていることを言った。その学生は三回生だった。いかにも誠実そうな人だった。彼の返答は、「フルートは高校時代までにブラスバンドで相当上手くなっている者がくるので、あなたは定期演奏会には出演できないまま卒業になると思います」「演奏会に出るようになりたいのなら、他の楽器を始める方がよいと思います。……僕は初めから演奏会に出ることは考えていないんです。ここが良い練習の場になるから、一応、部員になっているんです」というアドバイスだった。今から考えると、医学の勉強をしっかりしないといけないから、彼のパターンを真似すれば良かった。しかし、深慮遠謀ということに一生涯無縁な僕は演奏会に出るようになりたい方を選択してしまった。それなら、オーボエだと思った。

それで、薄暗い大きな練習場の中の方に進んで、奥の高いところに坐ってオーボエの竹製のリードを削りながら音色を確かめている部員に当たった。ハーフのような顔付だった。彼は二回生だった。「じゃあ、どういうものか試しに吹いてみて」ということになり、楽器を保持してあの細い管の口を咥えて吹いてみた。深吸気をしてからオーボエの薄い二枚の竹製のリードという吹き口を咥えて呼気を吐くのだが、断面積が細過ぎて、呼気が僅かしか入っていかない。三分くらい思いっきり吹き続けても吐き切れないような感じだった。異様な感じだ。ちょうど、便秘の時に思い切り努責しているとそのうちに頭の中がグーッとなってくる感じだ。

最初の一年は下宿せずに大阪から通学していた。帰宅して母親にこの話をすると、「そりゃあ、肺結核がほんとに悪くなるから止めた方がよい」と物凄い心配顔で言われてしまった。病弱と言われてきた僕を育て続けてくれた母親にこれ以上の心配を掛けることは、流石の僕にも出来なかったし、僕自身も、あの異様とも思える呼吸抵抗の大きさは、直感的に恐怖感を覚えていた。

次の日に練習場に出掛けて、相談したところ、結局はビオラに落ち着いた。それまで、ビオラのことはほとんど知らなかった。楽譜を見ると、見慣れたト音記号ではなくアルト記号というもので、直ぐには音の高さが判らない。アルト記号は、中央ハ音が五線の第３線にあるもので、ビオラ独特の楽譜となっている。

楽器の一式は古い備品を無期限貸与してくれた。弦楽器はどれも触ったこともなかったが、ビオラは大きいのでバイオリンより保持するのが疲れることとは直ぐに分った。冷静さがあればここで止めるべきだった。

しばらくして判ったことがある。ブラスバンド経験者がたくさん入部してくるので、金管楽器とかクラリネットやフルートに関しては、初心者はやはりお呼びではない。バイオリンも経験者が沢山入部してきていた。経験者がほぼいないのは、ビオラ、チェロ、コントラバス、オーボエ、ファゴット（バスーン）などだ。まあ、こういうところが希少価値があって、頑張れば最終学年になれば首席奏者にもなりうるのだった。ただ、チェロは経験者はちらほらいた。

チェロは結構オーケストラでは主役を占めることがあり、かつ、大きい楽器ではあるが、楽器の持ち方からしてビオラのようには疲れないようにみえた。チェロにしておけば良かったと思うこともあった。途中からの変更は、人間関係のこともあり、実際上は難しかった。

要領のよい奴は、ブラスバンド部ではトランペットやトロンボーンをしていたが、オーケストラに入ったらホルンに鞍替えをすることに、僕はそのうちに気付いた。高校時代のブラスバンド部の時代に先のことを研究していたのだろう。ホルン（フレンチ・ホルン）はオーケストラではより花形だ。この頃の時代では、音を安定して出すことが難しかったホルンについては、頭が禿げるくらいの歳にならないと一人前にならないと冗談めいて言っているのを聞いた。実際にこの頃は、テレビで放映されるプロの演奏会でも、ホルンの音は裏返ってしまうことがしばしばだった。最近は、年齢に係わらずそういう失態は見られない。多分、どの楽器の技量も随分と進歩してしまったのだろう。スポーツと同じく、その時々の目標水準に自然と引っ張り上げられるのだろう。

さらに、その後判ったことには、兵庫県立・神戸高校というところにはオーケストラ部があって、しかも偏差値の高い学校だから、そういう連中が相当数、京大オーケストラ部に入ってくるのだった。こういう連中が継続的に補給されているので、実力が維持できていたのかもしれない。パーカッションに入ってきた新入生がいたが、最初から自信満々の感じだった。彼も神戸高校出身だったのだろう。

オーボエとファゴットはなかなかのお勧めだ。ファゴットが主旋律をもって前面に出てくる頻度はオーボエに比べると少ない。それに、オーボエ奏者はイングリッシュ・ホルンという素晴らしい音色の楽器も担当できるので、やはりオーボエが一押しだ。なお、オーボエとファゴットは音を出す部品の竹製のリードというのが二枚合わさっているが、クラリネットはリードが一枚しかない。クラリネット奏者はオーボエ奏者に「お前らは二枚舌だから信用できない」と言ってからかっていたのを聞いたことがあった。

僕が入部した四月には、その二カ月後にある第百一回定期演奏会に向けての練習が進んでいた時だった。その時のメインイベントがドボルザーク「交響曲第九番・新世界より」だった。この名曲の練習を傍で聴く立場でいることになったのは幸運だった。第二楽章の有名な主題をイングリッシュ・ホルンが奏でるのだが、ここは緩徐なフレーズであるにもかかわらず、奏者のリズムが狂うらしく、本番まで安心はできなかった。京都会館での演奏会は首尾よく終わったと思われたが、観客のアンケートの中に、「何小節目のリズムが間違っていた」と書いてあるのを僕は見つけた。イングリッシュ・ホルンのところだったらしい。その後、持っていたレコードでここのところを聴いてもみると、プロの方でもリズムが変だなあと思った。

第二楽章のこの有名な旋律の最後の主題再現部では、イングリッシュ・ホルンが先導した後は、弦楽四重奏とコントラバスが引き継ぎ、短い間は正に室内楽的になるのだが、さらに最後から十八小節前の短い二小節は、弦楽の各パートのトップ（首席奏者）の三人だけが奏でるのだった。この二小節の静寂的な旋律がこの楽章のハイライトであるという雰囲気でもある。この時のビオラは、同じ音をずっと二小節間続けているだけなのだが、第一バイオリンとチェロが旋律を引いているので、「俺は同じ音で何もしていないんやけど、見事にハモルから、あそこは痺れるんや」とビオラのトップのＴＫ氏が後で笑いながら言うことになるのだった。

この二小節のあとは、再び他の弦楽器と木管楽器が次々と加わって来て静かに終わるのだった。この楽章が特に有名であるのはこういう洗練さがあるからだろう。僕は、この第二楽章は最初から全ての弦楽器にミュート（弱音器）という小器具を付けるということを知った。確かに、スコアにそういう指示が書かれていた。この場合は、音を小さくするというのではなく、繊細な音色に変えるのが目的のようだ。つまり、この第二楽章は弦楽器の音色がずっと繊細なのだ。

交響曲の室内楽的な趣のあるものといえば、いわゆる「運命交響曲」の第二楽章もそうであって、僕はこの曲の「ダダダダーン」の一楽章よりも粋な趣の二楽章の方が好きだった。ただ、室内楽そのものについては、僕は、途中で飽きてしまうので、あまり鑑賞することはない。多分、自分がある程度弦楽器をこなせるようになったら、室内楽を飽きるというような話でなくなるに違いない。逆にいえば、そういう個人的な体験を伴わなければ、素晴らしいとか美しいとか感じないような芸術は、どういう位置付けがあるのかなあという風な疑念の端くれのようなものを感じるのだった。

夏休みには夏季合宿というのにも参加した。高知県の若宮温泉という山の中にある旅館に民族大移動をした。この旅館の昔風の質素なトイレの壁には無茶苦茶な数の黒い大きな蜘蛛がへばり付いていて嫌だった。今なら気絶しそうだ。僕は、多分、女子学生もキャー・キャー言わなかったので、自分も耐えられたのではないかと思う。この合宿で、その年の十二月にある第百二回定期演奏会の練習が本格化した。メインイベントがベートーベン「交響曲第四番」だった。この合宿では僕のような新入部員はその練習を傍でみていただけだった。それが、翌年の成長へのヒントになるはずのものであったのだろう。

僕は、半年の間、「四番」の練習をずっと聴いていた。それまで聴いたことがなかったこの曲に深入りが出来て運が良かった。勇壮な英雄の「三番」と力強い運命の「五番」に挟まれた優しいこの曲はそれ程有名ではないが、大変素晴らしい曲だった。集中して聴くこともできるし、ＢＧＭとして聴くこともできるし、僕は、今までに、ドボルザーク「九番」とともにレコード鑑賞をした回数が最も多いと思う。「四番」の第一楽章は秀逸で、冒頭からの導入部は他に類を見ないほどの異様な長さだ。四十小節くらいの序奏をアダージョで演奏するので、四分くらいの長さにもなる。曲の最初から情緒的な精神状態になっていく。その後でやっと主題が提示される。他のベートーベンの交響曲については、「三番」「五番」、そして「六番」「八番」も冒頭から唐突に主題が提示される。
第四楽章にファゴットが四小節を一気に十六分音符でパクパクパクパクと奏でるところがあるが、四回生の奏者が本番前の練習でも何度もとちるのだった。それで、団員全員が、本番のその瞬間までその出来に注目せざるを得なかったが、なんとか酷い結果にならずに済んで良かったのだった。

その後、僕が辞めようかと思っていた一回生の終わりの頃に、医学部同級生のMY君がクラリネットで入部してきた。僕に「最近はあんまり来ていないようだけど、また一緒にやろうよ」と言ってくれたりした。彼は、一応クラリネットの経験者で、剣道も有段者だった。思慮深い彼は、僕と違って、一年間はいろいろ考えていたのだろう。僕は、京大医学部に入ってみて、自分のことは棚に上げて、「何でこんな頭の良さそうでないのが試験にパスしてきたのかなあ」と、多分勘違いして、思うことが時々あったが、「世の中には物凄く頭の良い奴がいるもんだ」と脱帽する者もあちこちいたものだ。MY君は後者だった。解剖実習や臨床実習（ポリクリ）は名簿順に決まった六人単位で動いていたが、彼は四年間ずっと同じグループだったので、彼の秀才さを見続けていた。彼は、六回生で卒業するまでオーケストラを全うした。その後は、基礎免疫研究者として豪州や欧州や東京で活躍をした後で、大阪大学医学部の基礎医学の有力教授になった。

京都大学は僕の二回生の学年が終わる三カ月前に、いわゆる当時の学園紛争で長期学生ストライキに突入した。学生ストライキは学期末が好いようだ。ストが成立したら差し迫った学年末試験の勉強をする必要がなくなるという、いい加減な心理が投票者の心理にあって、学生集会で可決しやすくなるということに、僕は気付いた。

しかし、入学してからの二年間は、常に校門のあたりに常設されている立て看板の横で携帯スピーカーを構えてアジテートする反日共系のセクトの諸君がいたりしていたが、大凡は穏やかな雰囲気だった。

一回生の秋には十一月祭という例年の学園祭が開かれるが、僕たちの学年は合唱コンクールに参加することになった。僕はあまり経緯を承知していないが、F君という合唱の経験がある同級生がアレンジしたのではないかと思う。彼が指揮を執ったからだ。京都女子大学の一回生との混合合唱団を組んだのだった。僕は音楽については素人だったが、「オーケストラ部員」であることで、アドバイザーを期待されてしまった。曲目は「サウンド・オブ・ミュージック」の「エーデルワイス」だった。何回か練習の場を持った。最初は一貫した混合合唱であったが、僕は「これは、単調すぎる」と感じたので、「繰り返しの最初の部分は女性だけのパートだけにトーンダウンして、メリハリを付けよう」と実際にアドバイスをF君にした。それは取り入れられた。そして、結果は準優勝を飾った。僕は、あのアレンジメントもきっと効果的だったと思っている。僕自身も舞台で合唱できて、大いに面白かった。その後、その女子大生の人達と誰かが付き合ったという話は聞かなかった。こちらにも女子学生が数人いたし、続編のコンパの話は初めから考えていなかったようだ。今から思うと勿体ない話だ。

僕は、オーケストラ部を辞めてからは、持っている数少ないクラシックのレコードを何度も何度も聴いて楽しんだ。モーツァルト、ドボルザーク、チャイコフスキーも聴くのだが、ベートーベンとブラームスの交響曲ばかり聴いていた時期があった。このうちでベートーベンの「二番」と「九番」は聴かなかった、ブラームスは「一番」から「四番」までの全部を鑑賞していた。ベートーベンの二番は最近まで本当に聴く機会がなかったのだが、「九番」は好きではなかった。あの合唱の声楽が美しいとも何とも思えなかった。「人間の声が一番美しい楽器である」という言葉を時々僕も耳にした。こういう発言は意味論的にはいい加減な言葉であり、イデオロギーという匂いがする。場合によるし、どんな声であるかによると思う。「九番」の場合は、あの音声がとにかく嫌なのだが、それはドイツ語にも若干の原因があるのかもしれない。

この二人の作曲者の交響曲については、周期的にベートーベンの方が好いとなったり、ブラームスの方が好いとなったりした。バイオリズムの状況によって、少し緩みのあるというか、人間臭いというか、そういう方が合う場合は、ブラームスが好いとなった。きっちりとか頑張ってみようとか、そういう場合はベートーベンとなるようだった。

ところで、僕は、古稀に近くなった数年前に「ブックオフ」という店に行ったついでに、珍しくクラシック曲のＣＤのコーナーを覗いた。すると、ベートーベン作曲「交響曲第十番」というのを見つけて、大いに驚いた。実は、ブラームスの「交響曲第一番」は完成度が極めて高くて、かつ、ベートーベンのクオリティを継承しているということから、「交響曲第十番」と言っておこうというエピソードもあることを知っていた。つまり、ベートーベンは「九番」が最後なのだ。僕はこのＣＤを買ってきて、プレーヤーで聴いた。ＣＤに付属していた説明書に経緯が詳しく書かれてあった。

それによると、断片的な楽譜のスケッチを元に曲を再現して見せたのは、スコットランド・アバディーン大学のバリー・クーパーという音楽科の学者で、彼が学術論文的な説明を書いているのだった。ベートーベンが「第十交響曲」を作曲していたのではないかという話は古くから論じられていたということだった。ＣＤにあるのは一九八八年に復元したという第一楽章だけのものだった。ウィン・モリス指揮・ロンドン交響楽団演奏のものだ。他のベートーベンの偶数番号の交響曲と共通して、かなり穏やかな曲風だった。何度も聴いているうちに少しは好きになるかもしれない。

六回生のある日に同級生のＮＭ君と道端でこの二人の作曲者の話をしたことがあった。彼はテニス部にも入っていたが、学生時代から生化学の研究室に入り込んで研究生活を開始していた。その時、彼は「ブラームスは旋律の最後の方を胡麻化すから、もうひとつやなあ」と否定的なことを言った。僕は直ぐに何を指しているかを解かったと思った。今でいうと、フィギュアスケートの場合、種々の回転演技の繋ぎ目を途切れなく移行するための一寸した仕草のテクニックを見ることができる。それがない場合は未熟っぽく見えるのだ。そういう仕草のテクニックのようなところがベートーベンと違って胡麻化し的な繋ぎであるということを指したのだろう。僕は、「そういえば確かにそうだな」とも思ったが、この時は僕のバイオリズムはブラームス寄りであったので、「それも良いところでもあるんだが」と思った。

長い年月が経って、数年前にＮＭ君の京大教授退官の講演会と祝賀会に呼んでもらった。彼は学士院賞恩賜賞を授与された程の研究者となっていた。この講演会のロビーでずっと流していた曲は何とブラームスだった。

この選曲は僕には興味深かった。これは、バイオリズムというよりは、彼の人生の深化によるところのものなのかと、まだ本人には聞いていない。単純に考えるのなら、どうせブラームスならば、大学祝典序曲がタイトル的にはぴったりだと思った。しかし、この場合は曲の長さが短いからリピートを数限りなくする必要があるから不適切なのかな、とかいうことを会場で思っていた。

僕の人生で最も長く付き合っている友人は、小学校四年生からのＴＮ君だろう。ＴＮ君は、早稲田大学の学生になった時に、下宿の主人が豊増秀俊という社会学者だった。彼はピアノを弾いたりしていて、クラシック鑑賞の手ほどきをしてくれたそうだ。その影響を強く受けた彼は、それまでクラシックのクの字もなかったはずなのに、会うたびに「ベートーベンのラズモフスキー第何番が好い」とか、僕の知らない曲のことばかりを話題にしていた。ほとんどが室内楽のジャンルなので、僕にとっては興味のないものだった。下宿の主人の弟は豊増昇といって、秀でた音楽業績を残したそうだ。彼は中学時代の小澤征爾にピアノを教えたピアニストでもあり、事情があり小澤征爾に指揮者になるように勧めた人物でもあったそうだ。

その後、年が経って、二十年前に僕は上京する機会があった。そのタイミングで、東京で九州新幹線建設期成大会があった。ワイフの伯父がその関係者だったので、そういうことなら僕にこの大会に参加してくれと頼まれた。それで、ＴＮ君と一緒に、どこだったか、馬鹿デカイ会場に出掛けて行った。その入り口で奥の方の舞台を眺めていると、開会前の舞台にオーケストラが入ってきた。眺めていると、物凄い規模の編成のようだった。しかも、チューバやハープまで備えている。そこで僕は、「こりゃ、シェエラザードやぞ」とＴＮ君に言ったものである。そうしたら、実にその通りだった。リムスキー・コルサコフの交響組曲「シェエラザード」だった。僕は大いに喜んで、彼に「どうや、当たったぞ」と自慢したが、予想外の反応なしだった。僕は、その時少し腹が立ったが、室内楽派の彼は曲自身を知らなかったのだろうと思った。

ところが、物凄い迫力のあることでも有名なこの曲も、後で調べたらいわゆる「二管編成」という古典派の交響曲と同じ程度の小さい編成で書かれていた。逆に、そのところにこの作曲家の「近代管弦楽法の父」と呼ばれる程の才能を見出せるのだろう。ただ、この時の演奏は実際には三管編成程度であったように思う。とにかく、一見して、ロマン派以後の管弦楽曲で、期成大会のオープニングに相応しいといえば、僕はこの時は、シェエラザードしか思い浮かばなかった。


ドイツの三大音楽家というと、最近では、バッハ、ベートーベン、ブラームスという合意があるようだが、僕の学生時代では「いやいや、本場のドイツではブラームスの代わりにブルックナーを入れることが多い」というのを読んだことがあった。真偽の程は判らない。確かに、ブルックナーの交響曲というのは時々目にした。しかし、僕は何度かラジオなどで聴こうとしたことがあったが、直ぐに聴くのを止めてしまった。第何番というのも覚えていない。

テレビの超長寿番組の「題名のない音楽会」というのが今もあるが、高名な作曲家の黛敏郎が最初から長期間の司会を務めた。その頃のことだが、既にNHK交響楽団の常任指揮者になっていた岩城宏之がゲストの指揮者で出演した。番組の最中で、岩城氏がブルックナーの曲のことを高く評価する発言をしたところ、黛氏は「あんなメロディーの下手な作曲者のどこが好いんだ」という風な言葉を衆目の前で発した。黛にかかれば岩城も形無しだった。岩城も観客も驚いたに違いない。僕が以前からそのように感じていたことを大御所が言ってくれた訳なのだ。「幾ら理屈を捏ねてもメロディーが美しくなければ仕方がないじゃあないか。それとも、理屈や意義を頭で確認しながら聴くものなのか」。

6　ビオラのことなど

京大オーケストラで僕の選んだビオラのパートは、その時点で三回生のTK氏がトップとなっていた。他に数名の三回生と数名の二回生がいた。新入部員は僕と、同じ医学部の女子学生のHRさんと農学部のSD君の三人だった。TK氏以外は入部時では初心者だったかもしれない。ちゃんと演奏できるビオラ部員が少ないという状況のために、TK氏が責任者としてバイオリンのパートから移ってきたらしい。どうも彼は面白くなかったようだ。

ビオラのパートだけで集まる際には、それが練習の終わりであれ酒の席であれ、「オケラはね、俺たちのビオラがいないと良いハーモニーなどはできないんだよ……」という風な発言を何度か聞いたからだ。つまり、他のパートからどうも軽んじられていると感じていることが前提の発言だ。こういうビオラパートの雰囲気も楽しくなかったし、ビオラの楽器は姿勢の悪い僕には非常に疲れるので、一年目の三月に退部してしまった。同学年のHRさんとSD君は最後までオーケストラを貫徹した。

それと、よく「音楽を愛する者には悪い人間はいない」という風な、独りよがりなことをシタリ顔で言う先輩がいたので、「どうも芸術関係の部活はしっくりこないなあ」と感じるようになった。しかし、たった一年間ではあったが、在籍中にはいろんなことを経験することが出来た。

初心者の手ほどきをしてくれるのは上級生だけではなかった。プロの演奏家の指導があった。ビオラの場合は、京都交響楽団、いわゆる京響のビオラのトップ、つまり首席演奏者ＭＦ先生の指導があった。月に一回くらいだったか、練習場に出張して来ていただいて教えを乞うた。上級生の指導もＭＦ先生の指導も、今では何も思い出すことが出来ない。ボウイングという右腕での弓使いと、左指での運指で正確な音程を出す練習をしていたのだろうと思う。上級生をみていると、三回生になる頃にはビブラートをかける技術を見せていた。それは一人前の必要条件と判っていたので分かりやすい目標だった。

夏休みの前の初夏には、東海地方に十日間くらいの演奏旅行に連れて行ってもらった。毎年どこかの地方に出掛けるのだった。観客は、ほとんどは学校の生徒だ。宿泊場所は大人数の部員が寝泊まりできる寺の畳の間や学校の体育館のようであった記憶がある。部の責任者は、そういう学校や宿泊所について、毎年交渉して決めているのだろう。これ自身は、社会人に向けた立派な学習だ。謝礼を頂いて宿泊費に当てたのだろう。

僕たちのような数カ月しか経っていない初心者にも、演奏者として舞台に上がる経験を与えてくれる機会だった。ちゃんと弾けないことは織り込み済みだが、何せ相手が生徒とせいぜいが父兄と先生だ。しかしながら、相手側としても生のオーケストラが目の前に来て演奏してくれることは貴重な体験になる。

僕のステージの曲目は、ハイドン作曲「おもちゃの交響曲」、ケテルビー作曲「ペルシャの市場」とミュージカル「マイフェアレディからの変奏曲」の三曲だった。白ワイシャツと黒ズボンと黒の蝶ネクタイの出で立ちで舞台の椅子に座ったことが嘘のようで、本当に懐かしい。実際のことはほとんど覚えていない。数カ月の間はそれなりの練習をしたのだろうなと今から想像するだけだ。

確かなことは、どの曲もちゃんと演奏できなかったということだ。しかし、前の二曲では一応は楽譜のどの部分が流れているかは把握できていたし、音色と音程は別として大きく崩れずに弾けたように思われる。ところが、最後の変奏曲は、もともとクラシック的ではなく、テンポを複雑に推移するので、練習でも毎回、最初から最後まで何が何だか判らないままで終わっていた。それでも、舞台の外から見ていたビオラの先輩は「君の指は結構ちゃんと動いていたな」といって褒めてくれたことがあった。しかしある時、演奏中に前の先輩が「おい、お前の音が狂っとるぞ」と言って振り向いた。僕は、「エッ」と先輩の顔を見るために楽譜から目を離した。次に目を楽譜に戻したタイミングで全パートの休止部があった。次の小節を一拍早くで間違ったために、僕のビオラだけが鳴ってしまったことがあった。観客の視線が僕に集まったように思った。その先輩は、演奏が終わっても何も言わなかった。多分、自分でも「アホなことをした」と思ったのだろう。

学部の卒業でオーケストラ部も卒業になる。実際に、「卒業証書」を発行するのだ。そもそも、入部した時には、先輩から「君たちは、文学部や工学部に入学したと思わず、オーケストラ部に入学したと思わないといけない」とぶち上げられたので、流石に、すごい誇りを持っているのだなあと思った。しかし、練習場には、大学院に進学した先輩も時々は姿をみせていた。年に二回の定期演奏会にも、そういった一番腕のある先輩がビオラのパートの最後尾に座って演奏に加わっていた。

そのうちに判ったことは、彼らは時々プロの演奏会にも助っ人として呼ばれているのだった。しばしば、数人の先輩は「大フィルのエキストラに行って来る」と言っていた。大阪フィルハーモニーの常任指揮者の朝比奈隆が京大オーケストラ部の出身だったというコネがあったためだったのだろう。プロでもビオラのパートが集まらないことがしばしばあるようだった。

オーケストラ楽器の中で、木管楽器のファゴットと弦楽器のビオラとが「肉声に一番近い」楽器ということをその頃に聞いた。そう聞くと、そんな感じでもある。そして、どんどん時間が経っていくうちに、滑稽な音色とも受け取れるファゴットや、これ以上地味な音色はないというビオラも、その音色の良さが判ってくるのだ。芸術にはよくあるパターンだ。陶器の何ともない代物が、だんだん素晴らしいものに見えてきた、ということがある。僕は陶器の方は「良く判らないなあ、本当に素晴らしいのかな」というレベルであることを告白しておかねばならない。オーケストラ部に入った後で、戦前と戦後にかけて活躍した国際的テノール歌手の藤原義江が「僕はビオラが一番好きです」と言ったという記事を読んで、成る程と思ったことがあった。

春の定期演奏会のサブイベントがモーツァルトの「ファゴット協奏曲」であったことも、急速にファゴットの魅力を植え付けられた要因に違いない。このファゴット協奏曲はNHK交響楽団から日本フィルの首席奏者となった戸沢宗雄という奏者が演奏することになって、本番前の練習に数回来られていたことを記憶している。ファゴットのことを知りたいのなら、是非この曲を聴くのが良いと思われる。貴重な戸沢さんの演奏レコードも出ているそうだ。他の管楽器の音色の魅力を実感するためのポピュラーな曲として、ハイドンの「トランペット協奏曲」、モーツァルトの「ホルン協奏曲」や「クラリネット協奏曲」および「クラリネット五重奏曲」などの古典派時代のものが単純明快で素晴らしいと思う。フルートやオーボエについても、やはりモーツァルトが最もポピュラーだ。トロンボーン協奏曲については、フェルディナンド・ダビッド作曲が一番のものということであるが、僕は、聴いたことはなかった。さらには、チューバ協奏曲まであるが、どうもヴォーン・ウィリアムズ作曲のものが一番ということらしい。

弦楽器のうちで、バイオリン、ビオラ、チェロ、コントラバスの順に楽器が大きくなっていく。つまり、弦の長さや太さもその順に大きくなる。ところで、張ってある弦の張力はビオラが一番低い。それが、あの、くすんだ音色の原因だと教えてもらった。逆に、チェロの張力が一番高いので、あの張りのある立派な音色が出てくるのだ。

ところで、例えば、ブラームスの「交響曲第二番」という京大オーケストラのレコードに入っている曲を何度も聴いていた時に気付いたのだが、第四楽章の第二主題の再現部における低音の主旋律は、第一バイオリンがフォルティシモで演奏している。低弦楽器は単に伴奏をしているに過ぎない。ここの音色を聴くと、バイオリンのG線はチェロでも出せないような凄みのある音を出すことが出来る能力があることが判る。僕は、大学の一回生の頃に、このレコードを小学校の同級生だったYMさんの家に持って行って聴いてもらったことがあった。特に、ブラームスの「交響曲第二番」の素晴らしさを知ってもらおうとしたのだ。予想されることでもあったが、彼女には全然関心を持ってもらえなかった。しかし、傍で聴いていた彼女のお姉さんが、「あんた達はこういうところに痺れるんやろうね」と示したところが、第四楽章のこの部分であった。判る人には判るのだ。「彼女もお姉さんのようだったら好かったのに」と残念だった。それからは彼女の家を訪れる理由を見つけることができなかった。

複数の弦楽器が同時に奏でられると、ビオラの音はそれとは判らずに、内声といって全体の和音を支えていると言われている。とはいっても、やはり地味過ぎる。ただ、第二バイオリンはある点では、ビオラよりもさらにストレスがあるのではないかと思う。主役である第一バイオリンと同じ楽器であるのに、ほぼ、ずっと裏旋律を担っているからだ。もちろん、素晴らしいアンサンブルの快感に満足する場面も少なくないこともあるだろう。僕は、第二バイオリンの人に感想を聞く機会がなかったので、本当のところは分からなかったが、そういう想像をしていた。

ビオラも、そのくすんだ特徴のある音色が、時々は、前面に出て来ることがある。多少でもビオラの関係者になった者としては、そういう旋律に痺れてくる。入学した年の六月の定期演奏会での「新世界交響曲」でも、その第四楽章では途中から長い間に亘って、ビオラが基本調律を弾き続ける音色が外に出てくるので、誇らしく思った。

有名な交響曲でビオラが活躍するのは、ベートーベン「交響曲第七番」の第二楽章だろう。ビオラは最初から主旋律を先導し、次にバイオリンに譲った後もしばらくは裏旋律的な変奏曲を先導し続ける。裏旋律といっても、この部は複合三部形式をもつ変奏曲ということなので、実は裏ではないのだ。さらに、ビオラに注目する僕からすると、この部分は対位法かのような素敵な響きを感じるのだ。つまり、この楽章の前半部はビオラが主役なのだ。僕にとっては実に素晴らしいのだが、この楽章の解説書を読んでもビオラのビさえも出てこないのは非常に残念だ。なお、ワーグナーはこの交響曲を「舞踏の聖化」と絶賛しており、この楽章を「不滅のアレグレット」と呼んでいるほどの評価をしている。ただし、ウェーバーなどはこの曲をボロクソに評価しているらしい。

もう一つの僕のお気に入りは、既に書いた通り、イワーノフの交響組曲「コーカサスの風景」だ。第二楽章は非常に緩徐な曲だが、最初の二十小節と最後の五小節はイングリッシュ・ホルンとビオラだけの掛け合いが織りなす見事な曲だ。ビオラとファゴットが肉声に一番近いものとして認識されているようだが、僕はこの曲を聴いて、ビオラとイングリッシュ・ホルンこそが、同質の音色を共有していると思った。僕の趣味としては、フルートの場合もそうだったが、ビオラの場合でも、管弦楽曲の中で時たま浮かび上がってくる音色がしばらく続く時が最も好きだ。ビオラ協奏曲は数回テレビで視聴したことがあるが、途中で退屈してしまうのが常だった。

7　大学生時代と音楽

医学部は六年間の学部生活を送る。最初の二年間は教養課程で、次の四年間は医学専門課程だった。二回生の三学期に始まった大学紛争の結果、カリキュラムがこなせなくなり、三月でなくて九月にやっと卒業が出来た学年だった。医師国家試験に合格した直後の十二月から呼吸器外科の教室に入局したが、翌年の四月に四年間の博士課程に進んだので、結局は大学の学生時代を連続十一年も過ごすような生活が続いた。

臨床系の大学院は、二年間の研修医を修めた後で進学できるという内規があったらしいが、僕は知らなかった。学園紛争の混乱で大学院生の補給が滞っていたので、早く院生を補給したかった教授は混乱のドサクサに紛らして知らんふりをしたらしい。後で、教授会で有力教授から文句を言われたということだった。まあ、大学入学までに他人より二年遅れていたので、ここでちょうど二年間を取り返せたことになった。

大学院の四年間は、入局した呼吸器外科の関連病院への非常勤医師としての立場もあったが、大部分の時間と意識は大学院での基礎免疫の研究にのめり込んだので、都合の良い二面生活を送っていた。こういう実態があったので、臨床系の大学院生が経済的に恵まれているのだった。

学部入学して直ぐに入部したオーケストラ部は一年で辞めてしまった。本格的なスポーツであるサッカーをゼロから始めようと思った。学問に集中という選択はなかったようだ。直ちに医学部内のサッカー部に入部した。二回生からの学部の五年間は、学生生活のほとんどを数人のサッカー部の仲間と共にしていた。

この頃の学生は学部であれ大学院であれ、大部分の下宿生活というものは、四畳半から六畳くらいの畳の部屋に、ラジオとレコードプレーヤーだけは持っているというものだった。それ以外の物といえば、机と椅子と本箱と電気コタツで、人によってはギターなどの楽器くらいだった。その頃は、親が開業医で裕福そうであっても、テレビを持っている奴はほとんどいなかった。サッカー仲間で親しかったＴＩ君は、珍しくトヨタ・カローラを下宿に持っていたにもかかわらず、テレビはやはり持っていなかった。彼には、「実家の奈良との行き来が頻繁やから必要なんや」と、問わず語りの言い訳めいたことを言われたことがあった。他の裕福ではない僕たちの気持ちを斟酌していたのだろう。しかし、僕などは彼の車によく乗せてもらったので、恩恵を受けていた。この頃の裕福な親は学生の息子に必要以上には贅沢をさせないという気持ちを持った人が多かったように思う。

つまり、日常生活における音楽などの情報元は主にラジオだけだったが、これは僕だけのことではなかったということだ。その他のものとしては、その頃には特に多かった喫茶店のＢＧ

Mだった。それとは別に、ジャズとかクラシックの音楽喫茶というのはあった。僕は、銀閣寺道交叉点の南西にあった「ゲーテ」という老夫婦の店主がボソボソとサーブしてくれたクラシックの音楽喫茶にはたまには行ったことがあった。後年、この喫茶店が閉店になったという記事が新聞に載っていたほどの名物店だった。

ということで、この頃は音楽にはかなり疎遠な日常生活を送っていた。結局、コンスタントにラジオで聴いていたのは、午後十一時過ぎから深夜二～四時に放送されていたABC朝日放送の「ヤングリクエスト」という、関西の若者の中では抜群に有名になった番組だった。この番組で、その頃の若者の楽曲を楽しむことができたが、僕はこの番組で最も気に入ったのは、そういうフォークソングやニューミュージックではなく、番組のテーマソングと笑福亭仁鶴がコーナーを持っていた「仁鶴・頭のマッサージ」だった。テーマソングは奥村チヨという当時の若手の流行歌手が歌っていたもので、数年前にユーチューブで再会して大変嬉しかった。サッカー仲間のI君も「ヤングリクエスト」を聴いていたが、彼は大阪の天王寺高校の出身で仁鶴の真似が上手かったし、彼とは関西のお笑いへの共感があった。彼は、クラシック音楽にも精通しており、彼の下宿でレコードを聴くことがあった。

サッカー仲間のTR君はギターがかなり上手くなって、下宿で「アルハンブラの思い出」のような難しい曲をよく弾いていた。僕も見よう見まねで「禁じられた遊び」の前半だけは弾いたりしていた。このことはピアノにおける「猫踏んじゃった」と同じで、素人もここまでは手が出せて、そこで終わりというパターンだ。しかし、入り口のギターコードのコツが掴めないまま、僕はギターが出来ずに終わった。

僕の大学生時代は、何といっても、ビートルズとフォークソングを抜いては語れない時代だろう。ビートルズは、調べてみると、僕の中学生時代にレコードデビューしているが、その後、世界に旋風を起こして、日本にやって来たのが昭和四十一年の初夏だった。僕は浪人中であったただけでなく、喧しいと感じていたビートルズには興味自体が全然なかった。僕が大学生になった頃は、日本でもフォークソングが草の根的に発生してきた正にその真っ最中だった。米国と同じく、ベトナム反戦という社会問題における若者の主張とフォークソングの表現とのマッチングが良かったことも一部にはあったのだろう。喫茶店に行っても、BGMではビートルズやフォークソングやニューミュージックが流れていた。僕の生活の背景には、そういう基調が流れていたということだった。

この中で、サイモン&ガーファンクル（S&G）は早くから好きになった。レコードアルバムを買って、歌詞をほぼ全部覚えた。このレコードは昭和四十七年にCBSソニーからリリースされた「Gift Pack Series」という日本編集盤で、二枚組（四面）だった。この頃はまだ英語文化に憧れていたので、ハーモニーも素晴らしいが、正にポエムというべき英語の歌詞にも憧れを抱いていたと思う。作詞・作曲のポール・サイモンの才能が素晴らしい。バックサウンドのほとんどがポールのギターによるもののように聞こえるが、最初のヒット曲の「サウンド・オブ・サイレンス」もエレキギターとドラムスを加えて編曲したことでやっと成功したらしい。彼らのジャンルもフォークロックということになっている。ロックというジャンルは広いのだ。このアルバムの第三面の七曲は、一人の誕生から老人になるまでの物語になるように組まれている。まだ青年であった僕は、この面のシリーズを聴いて人生というものを初めて深く実感した。特に、六曲目の「Old Friends」という曲を聴いて、老いていく両親のことに思いを寄せ、僕もいずれそうなるのであろうことを想い、実に淋しいやるせない気持ちを抱かされた。

その後、法事の時に何度聞いたことがあるだろうと思う程に聞き覚えることになった蓮如上人の「白骨章」という御文章の「されば朝には紅顔ありて、夕には白骨となれる身なり」という無常観とダブってくるような三面の七曲だった。

この頃の大阪の実家には、還暦を少し過ぎていた両親だけが残っていたが、時々は僕ら、子供たちが、それぞれ集まってみる時があった。そういう時にはテレビの歌謡番組で流れている流行歌を知ったりした。こういう機会に僕と兄が気に入ってレコードまで買ったのは、ペドロ&カプリシャスの「別れの朝」だった。この曲は、初代ボーカルの前野曜子の時に大ヒットした。僕は、前野曜子バージョンの方が高橋真梨子バージョンよりも気に入っている。僕は保守的なのだろう。今から思うと、このグループの曲は、やはりバックサウンドがとんでもなく重厚で圧巻だったことが、ヒットした大きい要因だったと思う。

兄や親父が気に入った歌も、聴いてみて面白かったことを覚えている。そのうちで、兄貴が大満足していたのが、殿さまキングスの「なみだの操」だった。そもそもコンビの名前が人を食っているのも兄貴が気に入ったところらしい。親父は黛ジュンの「夕月」というシングルを買っていた。お色気の五月みどりが大好きだった親父のことだから、黛ジュンのミニスカートが魅力だったのではないかと疑った。僕は、この曲はあまり好きではなかったが、なかなか歌うのには難しい曲のようだった。彼女のレコード大賞受賞曲の「天使の誘惑」の頃からは、僕もこの歌手の声質が素晴らしいと思うようになった。五月みどりの方も、あの可愛らしい容貌と歌い方があれば、他に何を要求するのか、という程のものであるなあと思うようになってきた。僕も、以前は理解しようとは思ってもみなかった親父の感性に次第に共感するようになってきている。こういうことをリアライズできたのも、流行歌や映画が媒体となってくれたお蔭だと思う。

大学院に進んでからは、ラジオで聴いて気に入ったものがあった。それは、丸山圭子の「どうぞこのまま」だった。直ぐに「黄昏めもりい」という昭和五十一年リリースのレコードアルバムを買って聴いていた。「どうぞこのまま」はこのアルバムに入っていたが、丸山圭子のアベレージな曲風とは違ったものであることが判った。この曲は、例外的にボサノバ調の曲を試みたものだった。そのうちに、他の曲の方が好きになり、むしろ「どうぞこのまま」はそんなに好きではなくなった。このアルバムは、カセットテープに入れ込んで、相当の期間はこのカセットをカーオーディオで流し聴いていた。翌年リリースされた「春しぐれ」というアルバムも買ったが、これも期待を裏切らない素敵な曲ばかりだった。この頃は、僕の贔屓の女性シンガー・ソングライターは丸山圭子だけだった。

もう一つ、カーラジオを聴いていて、びっくりした曲があった。それは小坂明子の「あなた」だった。初めて聴いた時は、素人っぽい可愛い声に心を揺さぶられてしまった。東京の世界歌謡祭でグランプリを獲得した曲らしいが、後日、ピアノの弾き語りで歌う姿をテレビで視たら、声からのイメージと違い過ぎて、また、びっくりした。

大学院の四年間は頭の中は研究で一杯だった。ただ、関連病院にアルバイトとして臨床研修と生活費を目的に出勤する日が毎週に二日だけあった。こういうことをこなすためには自家用車が生活必需品となったので、ブルーバードの五一型の中古車を買った。

勤務先は滋賀県の病院だったが、そこの胸部外科部長のTS先生は話好きで、話術に長けていた。午後には手術があったりなかったりだったが、午前中の部長の外来時間は非常に暇だったので、ほとんど中年のナースとの三人で、三人ともが煙草をプカプカしながら駄弁っていたことになる。そのうちに、三人揃って「離煙パイプ」というのを買って吸い出したことがあったが、吸気を思いきりしないと具合が悪い感じになり、三人とも目を白黒させながら吸う羽目になるので、苦しくなって止めにしたことがあった。CMで有名になった「禁煙パイポ」より十年も前の製品である。こういう場で、TS先生が昔の世代の先輩の（本当に馬鹿々々しいなあ）というような行状や言動のことを噺家のように喋ってくれるので、僕は驚いたり大笑いをしたりしたものだ。有難くも呑気な時代だった。

そのTS先生がナツメロ歌謡曲のカセットを沢山持っていたので、僕は、これを全部コピーさせてもらった。「流行歌戦後編・コロムビア」、「流行歌戦後編・ビクター」というラベルを貼ったカセットテープが全部で六巻残っている。元々、幼い頃からの馴染みのジャンルだったので、車の運転の時には何年もずっとこれも流して聴いていた時期があった。昔の流行歌が僕の生活の中で復活したのだった。

大学院の免疫病理学の基礎研究室では、皮膚科に進んだ同級生のMR君も顔を出していたので、彼との付き合いが始まった。彼は高校では僕の一年後輩だった。彼の付き合っていたBさんは大阪の音楽大学の出身で、学校の音楽の先生をしていた。彼女の同級生の一人も彼女の妹も同じ大学で声楽を専攻していた。それで、この五人で枚方のBさんの家に集まって、彼女たちの声楽を拝聴したり、僕たちも歌唱をしたりの、細やかなサロンを催したことがあった。B

さんのお母さんも、いかにも健全な集いをしていることが嬉しいらしく、お茶やお菓子を優しくサーブしてくれたことを想い出す。

ＭＲ君も幼い頃から歌謡曲が好きだったようで、その時には伊藤久男の「山のけむり」を披露したので、僕はびっくりしたことを覚えている。僕と同類の奴が居るんだと。その曲は昭和二十七年にリリースされた曲だから、彼が三歳の時のものだ。彼は、最近、古稀近くなって、合唱団に入ったという年賀状をくれた。

そういえば、小学校と中学校の同級生のＭＫ君は、鉄工所の次男坊だったが、古稀を過ぎてから二人で地元の大阪西区の料理屋で昼間から酒を前に長話をしたことがあった。この時に分かったことには、ＭＫ君も戦前から戦後直後の多くの歌謡曲に相当愛着を持っていた。多分、こいつも幼少時から家の中でラジオばっかり聴いていたんだろうなと思った。これを敷衍すると、団塊の世代の中で、狭い家の中で育った人間の数多くは、幼い時から結構古いナツメロ歌謡曲とともに育っていたのかもしれない。僕ほどでないにしても。

そのうちに、ＭＲ君はビートルズの有名なレコードアルバムを僕にくれた。「The Beatles／1962-1966」という赤ジャケットのものと「The Beatles／1967-1970」という青ジャケットのものだった。この経緯については僕には記憶がないが、多分、「ビートルズはやっぱり好いで。これあげるから聴いてみたら」ということだったのだろう。これもカセットテープにダビングして車の運転中に聴き始め出した。日本でのリアルタイムヒットからは七～八年も遅れていた。

しばらくは、ナツメロ集と丸山圭子とビートルズの三種類のカセッテープを愛用した。そのうちにビートルズを一番聴くようになっていった。

これは、大学院を出て数年後のことだが、京都から勤務先である天理の病院に戻る竹田街道での運転中にカーラジオをつけていた。その時に物凄く喧しいロックの演奏が始まった。喧しい曲には拒否反応のある僕が、数フレーズを聴いているうちに、「これは、唯のロックじゃあないなあ。これだったら僕もありだなあ」と感じだした。そのうちにボーカルが乗ってきたが、「あれっ、これはビートルズだったのか。やっぱり、そうなんだ」となった。MR君にもらったアルバムにも入っていた「サージェント・ペパーズ・ロンリー・ハーツ・クラブ・バンド」だった。まだ、アルバムの曲を全部ちゃんとは覚えていなかったのだ。

この時に、僕は、ビートルズの曲に凄いものが含まれていることに気付いた。その他のポピュラーなナンバーもラブリーな曲に溢れていて、そういう良い曲を作詞作曲を自前で数多く発表したこと自体も賞賛に値するのだろう。また、エレクトリック・ギターとドラムスとボーカルという簡単に用意できる仕掛けでそれなりの音楽を提供できることを広く知らしめて、世界の巷の若者にノウハウを提供したという「ビートルズ現象」というのが評価もされるのであろう。

この「S.P.L.H.C.B.」の他にも「The long and winding road」のような壮大なオーケストレー

ションを取り入れて、音響のダイナミック性を付加することにより、ビートルズの音楽は進化していったのだと思った。「Let it be」はピアノの加勢だけのようだが、それでも壮大に感じる曲に仕上がっており、やはりスケールの大きい曲であると思う。改めて、ピアノも壮大な音響を作ることが苦手ではないことに気付いたものだ。仲が悪くなってバラバラになっていた最中の彼らの最後の曲が、いわば集大成の曲のごとく思われるのは、皮肉なものというよりも、人生って往々にしてこうなのだという事例だ。

ただ、僕は、ビートルズの編曲という重要なものを誰が担当しているかの知識がないので、彼らの、特に主な作曲者であるポール・マッカートニーの総合的な力量は判らない。

ただ、この書き物をしている八カ月前の新聞に、ビートルズの生みの親というべきプロデューサーのG・マーティンが九十歳で死亡したという記事が出た。この記事によると、もともとはオーボエ奏者であったとある。「五人目のビートルズ」とも言われることのある彼がいてこそ、クラシック的なオーケストレーションが実現したのだろう。

美空ひばりも沢田研二も昭和の大エンターテイナーと僕は思っているが、彼女や彼自身が作曲した作品は名曲とはならなかった。だからと言って、歌手の価値が下がるものでもない。一方、名曲を作った作詞家も作曲家も、想定する名歌手の存在があってこそ名曲も生まれてくるという化学反応でもあるだろう。そうすると、逆に、「名曲オンパレードのシンガー・ソングライターの松任谷由実はやっぱり凄いなあ」となる。それでも、松任谷正隆たちの編曲が素晴らしいことを抜きにしては、出来上がった曲の素晴らしさを十分語れないとも思う。いずれにしても、出来上がった作品が素晴らしかったら、それ以上の議論は、副次的ないし解説的な意味しか持たないと思うことにしよう。

すなわち、ビートルズはロックと言っても、メロディックなところが素晴らしいということと、そのうちにバックサウンドの進化が良かったというのが僕の考えだ。加えて、マッカートニーとレノンを中心とするボーカルサウンドが実は秀逸なのだと思う。ジョン・レノンの作詞の多くは、僕には良質の「ポエム」とはずっと思えてこなかった。ビートルズが好きになる数年も前の頃は、素晴らしい作曲と素晴らしいポエムのサイモン&ガーファンクル（S&G）よりもビートルズがメジャーであることに、不満を持っていた。今、これを書いている時点でも、S&Gが素晴らしいと思う気持ちに変わりはないが、片や管弦楽曲的で、片や、幾分、室内曲的であるので、仕方がないのかなと気付いた。

これに気付いたのは、ごく最近のことで、要するに、ベビーメタルが何故、僕をして、「狂気」（僕は普通だが、周囲の者はそう思っているらしい）にさせてしまったのかを考えているうちに気付いたことだった。ただ、S&Gの曲をそのつもりで聞き直してみると、「Old friends」や「Boxer」は管弦楽がバックに付いており、大ヒット曲の「明日に架ける橋」はピアノと弦楽器がバックに付いている。やはり、編曲の力は大きいものだ。それでも、ビートルズに比べて、サウンドが比較的にオトナシイ。

ビートルズは昭和三十七年に米国のチャック・ベリーが作ったロック曲の「Rock'n Roll Music」をカバーしている。この曲なら、僕でも聞けば懐かしく感じる程のものだ。原曲はロックの歴史上で重要な曲らしいが、ビートルズのカバー曲も大ヒットした。今、ユーチューブで両方の曲を聴いてみると、僕にとってはビートルズの方がよりアクセプタブルだ。マッカートニーとレノンを主とするボーカルの質が僕にとって好いのだろう。

なお、ビートルズ解散後の昭和五十一年にLP二枚組のアルバム「Rock'n Roll Music」がリリースされたが、これは、ビートの強いロック・ナンバーを選んだものということだ。調べてみると、ビートルズのオリジナルな曲もカバー曲も万遍なく入っている。この中にはベリーの「Rock'n Roll Music」のカバー曲はもちろん入っているが、MR君からもらったアルバムの中からは「Revolution」「Back in the USSR」「Get Back」が入っているのに、「S.P.L.H.C.B.」が入っていないのは大変意外で不本意だった。あれは、やっぱりロック調というよりもオーケストラ調ということなのかなとこじつけたくなる。

8　「社会人になってから」と音楽

僕が、大学院を修了して完全に学生という立場を終えたのは三十一歳だった。その後は、十二年間の勤務医と二十七年間の開業医生活を送ってきて今を迎えており、古稀となった今年で一旦生活をリセットして、取り敢えずは、閑居してみようと思っている。これまでの生活を「社会人になってから」というおこがましい言葉を使うことに恥ずかしさを覚える。というのも、医者あるいは医師というものは世間からは特別の扱いを受けることがあることによって、社会人として一人前になる修行が不十分な点があることを自覚しているからだ。しかし、「大人になってから」というのも、また気恥ずかしい。まあ、学生の身分から追い出されてからの、学生ほどは呑気ではなくなった生活というくらいの意味である。

忙しいことを是としなかった僕だったが、呼吸器外科医だった勤務医時代も、有床診療所を主宰していた開業医時代も、フィジカルにはどちらも大変忙しかった。心も気ぜわしくて、三人の娘の成長の実態も良く判らなかった。要するに、帰宅が遅く、夕食を食べると睡魔に襲われる毎日だったので、テレビはアット・ランダムに目や耳に入っていた程度だった。ということで、大学時代よりもさらに音楽から離れた生活を過ごしたのだが、離れ小島に住んでいた訳でもないので、その時々のヒットソングくらいは耳に入っていたはずだった。

大学院を出た頃は、沢田研二がソロ歌手として絶頂期に入っていて、ヒットソングを量産していた。この頃に、確か「週刊現代」だったと思うが、流行歌手についての論評が連載された。その男性歌手の一回目は沢田研二で女性の方は都はるみだった。ともにその頃の一押しの歌手が最初に選ばれた印象だった。都はるみの日本の伝統芸能の流れを持つ歌唱力については相当褒めていたように思う。沢田研二については、彼の母音の発声が美しいのであるとの評価が印象的だった。

その頃は、僕も相当好きになっていて、「沢田研二ヒット曲集」というカセットテープを買った。それからの長い間、運転中に沢田を聴いた。風呂に入っていても沢田の歌をよく口ずさんだ。職場の忘年会でのカラオケで「勝手にしやがれ」などを歌ったこともあった。欧米にもこういう恰好が良くて実力のあるエンターテイナーはそんなには見当たらなかったように思うし、ヒット曲を今聞いてみても古臭い感じがしない。現代の世界における日本のミュージック、あるいはJ‐POPの立ち位置は、三十年前に比べて格段に上がっているので、今の時代に沢田研二が全盛期であったとしたら、もっと世界で注目されたのに違いないと思う。

三十三歳の時に結婚をした。天理市の病院に勤務していた時に、親戚の斡旋により見合い結婚をした。多くの友人の中でも一番遅い方だった。この僕の結婚式の披露宴で、余興として、高校生であった長姉の長女がピアノで小品を演奏してくれた。そして、大学の研究室の先輩のＢＢ先生がプロのような鮮やかさで名曲を弾いてくれた。姪の場合は、家庭が裕福ではなかったので家にピアノもなく、学校のピアノだけで独学で弾けるようになったとのことと聞いたので、その出来栄えに驚いた。その気になればできるのだ。先輩の場合は、高校生時代は水泳のバタフライで全国の記録を作ったし、ピアノの腕も凄くて、学力の偏差値も非常に高かったということだ。才能なのか、あるいは努力する才能なのか。こういう人を知ると天は公平ではないと思う。

勤務医時代はずっと仕事に追われていたので、新婚当初から家庭のことは十歳も年下のワイフに丸投げしてしまっていた。離婚にならなかったのが不思議なことだ。しかし、そのことはずっとワイフから恨まれている。

そして、年齢が十歳も離れていたということが、その後の音楽の生活については影響を及ぼすことになった。義父や義母が僕の姉と同年輩であるし、僕自身が昔の流行歌が一番身に付いているものだったから、ワイフの両親とは共通体験があり、ナツメロの雑談でも楽しめたし、カラオケでも楽しめた。しかし、ワイフとは音楽における共通体験のないことに気付くようになり、この点において寂しいことになった。ワイフは自らの青春時代から音楽はかなり好きな方で、いろんなレコードを持っていた。僕の知らない外国の歌手のものも多かったが、松任谷由実と松田聖子はとりわけ大好きなようで、ライブのＤＶＤも含めて相当数のコレクションを持っていた。ハイファイセットのアルバムも持っていた。

僕も、そういうのを借りて自分でも視聴しているうちに、そう長くない間に嵌ってしまい、その後はこれらの相当なファンになってしまった。ワイフの方は、僕の好きになっていたジャンルの音楽をほとんど好きにならなかった。

一般論として、相手に惚れた者の方が相手の趣味に興味を持つというのがある。この法則に従うと、相手は僕のことが好きでないのであろうという推論に達する。このことは、いつまで経っても拭い去れないことだが、試みに、論理的にそうではないという可能性の理由を挙げてみたことがある。クラシック音楽は、愛好家のポピュレーションは男性の方が圧倒的に多いようなので、そういう男女差の影響が多少はあるのかもしれない。ナツメロ音楽については、彼女の同世代のほとんどの者が好みにはならないだろう。

しかしながら、ビートルズやサイモン＆ガーファンクル（Ｓ＆Ｇ）についてはどうなのだとか、松任谷由実があんなに好きならば、僕のレコードアルバムの丸山圭子を一寸聴いてみようかとはならないのかという点が残る。ワイフは沢田研二については、もともとのファンだったが、むしろ、ザ・タイガース時代のジュリーの時代がお気に入りのようである。僕の方はといえば、グループサウンド（ＧＳ）は喧しそうだからそんなには好きではなかった。となると、青春時代を過ごした時の歌曲の愛着を持つという、当たり前のことが一番大きいことなのかもしれない。

ＧＳが好きだったワイフは、僕のお気に入りの「ビートルズは喧しいから嫌い」で仕舞である。僕からすると「ビートルズはメロディックであり、そんなに喧しくなかったから好き」だった。彼女は、マイケル・ジャクソンが神様と思っているのかと思うくらい好きだ。彼の音楽より、ビートルズのかなりの曲の方がラブリーである。もちろん、マイケル・ジャクソンの神懸かり的なダンスが格好良過ぎて好きらしいが、それなら、最近の話だが、多少でもベビーメタルのダンスを視れば好いのにと、つい愚痴の気持ちが出てくる。

ところで、後年、末娘の三女は中学生時代に英語の勉強に引っ掛けて、サイモン＆ガーファンクル（Ｓ＆Ｇ）のレコードを貸したりしていたところ、早々に気に入って、僕と良い勝負ができるほど好きになってしまったし、長女もそれなりに多くのＳ＆Ｇの曲を覚えてしまった。

その後の勤務医生活においては、既に手持ちにあった数少ないレコードやカセットテープを折に触れて鑑賞していただけだった。開業医生活になっても、大体はそういう生活がそのまま続いた。ただ、家の中でフルートを吹くことは、勤務医の時にも開業医になってからも時々していた。音楽鑑賞のジャンルは家ではほんの時々クラシックを聴いた。しかし、車の運転中はそれまでと同じカセットテープを聴き続けており、クラシック音楽はほとんど聴かなかった。気忙しくて、カセットを交換することさえ面倒だった。

その後、五十歳台頃だったと思うが、「アメリカン・ヒット・ポップス」という一九六〇年代頃の曲の十巻のカセットテープと「昭和の流行歌」という二十巻のCDを買うことを思いついた。新聞の広告欄を見て、買ってみようと思った。しかし、買ってみても、ゆっくりする時間もなかったので、これらの懐かしい曲の多くは現実的にはほとんど聴かなかった。この直ぐ後からは、自分の車にはカセットテープではなくて、CDが主なオーディオ設備になっていた。その後は、CDを時々買っただけだった。在庫を見てみると、島倉千代子、美空ひばり、フランク永井、越路吹雪、舟木一夫、ピンク・レディー、来生たかお、笠置シヅ子、そして一番最近の五年程前に買ったのは、淡谷のり子だった。この中で、最近までにカーオーディオにセットしていたのは、来生たかおが一番多く、その次は淡谷のり子だ。そして、今は、アルバム「ベビーメタル」がメインになっている。

僕は、懐古主義的なところが大なので、デビュー曲がそもそも好きなことが多いが、多くの歌手において、初期の持ち歌を後年に歌う時には、かなりデフォルメしようとする場合が目立つ。その理由の一つには最初のような声が出なくなったというのもあるのだろうが、意図的にアウト・オブ・テンポというのを自分の成長を見せるためのパフォーマンスにしているような感じの場合がある。その典型であったのが、古くは、大津美子の名曲「ここに幸あり」だ。後年の橋幸夫もそれが目立っている。もともと大好きな曲であるほど、僕は生理的に嫌悪感を覚える。あまり音符の長さを勝手に変えるのであれば、それは作曲者に対して失礼でもあると思う。

僕の大好きな島倉千代子のＣＤも買って聴いてみたら、オリジナル盤のコレクションではなかったので、そのＣＤは、その後、ほとんど聴いていない。島倉は特に歌い方を大きく変えてはいなかったが、僕自身の問題として、彼女の十代の可憐な声が聴きたかったことが叶わなかったからだ。

興味深いことに、昭和の大歌手の美空ひばりは後年に持ち歌を歌う時にも、可能な限りオリジナルな歌い方をしようとしている。十五歳の時の「リンゴ追分」を後年に歌う時には、その頃の子供の自分に戻ったかのように歌うようにしていると語っている。多くの自分のファンが昔を懐かしみながら聴きたいのだということをわきまえているらしい。それが可能であることは、衰えない声帯があるからでもある。多くの歌手は、そういうことが、そもそも可能ではないのだろう。プロフェッショナルであれば、声帯の機能が大きく落ちたのなら生歌の出演はしない方が良いと思う。しかし、昔の画像音声を流してのトーク番組として出演する場合ならば、それは、僕にとっては、一番素晴らしい番組になると思う。

ただ、美声の衰えをあまり知らない岩崎宏美においては、あの名曲の「聖母たちのララバイ」は後年の歌唱力が伸びているので、懐古主義の僕にとっても後年の方がベターに思える。

岩崎自身が、「二十四歳の時に歌った時には、歌詞の意味が理解できていなかった」と明かしている。この曲は作曲も歌手も素晴らしいが、高度成長を支える名もない勤労者のアイデンティティーを応援するメッセージが心に響く。それは、シンガー・ソングライターの中島みゆきの名曲である、番組「プロジェクトX」のテーマ曲「地上の星」と似た位置にあると僕は感じている。

外国の流行歌に話は飛ぶが、昭和二十五年に発表された大ヒット曲であるパティ・ペイジの「テネシーワルツ」は、五年くらい前にユーチューブで視聴した。この曲は、僕の小学生の頃に江利チエミのカバー曲が我が国で大変ヒットしたので、僕はこの曲をよく知っていた。原曲のパティ・ペイジの方はあまり記憶になかった。ユーチューブで、パティ・ペイジのデビュー曲と円熟した時に歌った曲を聴き比べたら、僕にとっては、後者が圧倒的な差で優れていた。デビュー曲は多少ビザールな声質で、これで、良くヒットしたものだと思った。そういえば僕の高校時代に日本でもよく流行ったブレンダ・リーは、「想い出のサンフランシスコ」をよく覚えているが、今聞いても変な声としか感想がない。ドリス・デイは歌に映画に大活躍した歌手だが、声としてはどうかなあと思う。ハスキーを売りにしたというほどの声質でもなかった。日本の青江三奈や森進一の場合は、見事にそれが武器になっていたと思う。

この五年くらい前というのは、僕がネットでユーチューブに出くわしたタイミングだ。それまではユーチューブを一回も見たことがなかった。初めは、勉強のことで検索エンジンを使った時に、ユーチューブがヒットして、学術講演会の録画とかＮＨＫのサイエンス・チャンネルのシリーズ録画に出くわした。その後は、多岐にわたるが、流行歌やクラシック音楽、さらには往年の歌手が出演した青春映画の動画クリップをいろいろ視聴できることを知った。

戦後しばらくの頃の高峰三枝子や美空ひばりの映画や、僕の青春時代の舟木一夫の映画もいろいろあることを知った。そのうちに、安達明という物凄く美声だと感じ入った歌手を知った。舟木と同じようなパターンで青春映画にも出演していたが、当時、僕は全く知らなかった。テレビの歌謡番組をそんなに見ていなかったことが判る。その頃の山田太郎という歌手を改めてユーチューブで聴いてみると、素晴らしいプロの腕前だと感心する。実力と売れ方とは乖離があるのだ、という山田は紅白歌合戦に三回も出場しているのだから、売れていなかったということではない。いずれにしても、彼はその頃から既に事業家が本職である路線が引かれていた。僕の青春時代には、これらの青春映画をどれ一つとして観たものはなかった。街の盛り場にはあまり出掛けなかったので、そういう映画の看板も見なかったので、ほぼ知らなかった。

この五年前からは、僕の幼少時や青春時代の流行歌をユーチューブで視聴することが僕の趣味になってしまった。ということで、僕の生活の中で音楽が大いに復活することになった。

先ずは、以前に買っていたアメリカンポップスのカセットテープにあった、「青いカナリヤ」を歌っていたダイナ・ショアという歌手の動画を視たかった。この曲は、江利チエミの「テネシーワルツ」と同じように、雪村いづみがカバーして大ヒットしたものだ。ユーチューブで視聴してダイナ・ショアという歌手が気に入ったので、いろんな曲を聴きまわるようになった。

その中で、「ファッシネーション（魅惑のワルツ）」が素晴らしかった。この曲は、ジェーン・モーガンがヒットさせ、その後はナット・キング・コールやアンディ・ウィリアムスたちも歌っているスタンダードだが、全部ユーチューブで視聴できた。どの歌手も当代きっての実力者だったこともあり、素晴らしかったが、ダイナ・ショアが上品ということで好かった。この曲は、その後、ゲイリー・クーパーとオードリー・ヘプバーン共演「昼下りの情事」の映画に使われたために、さらに有名になった。ユーチューブでは意外にも美空ひばりがカバーしていたファッシネーションもアップされていた。英語はそんなに得意ではなかったと想像するのだが、発音もまずまずと思われ、流石であると思った。数年前には、テレビの何かのCMに美空ひばりのこの曲が流れていた。

ところで、雪村いづみは「青いカナリヤ」で、「キャニャーリー」と発しているが、ダイナ・ショアは米国生まれであるにもかかわらず、「カナーリー」とブリティッシュ・イングリッシュで歌っている。雪村いづみは稀に見る才能のある歌手と評価しているが、この一点で、この曲は僕には受け容れにくい。やはり、多少とも品格を損ねていると僕は感じた。しかし、わざわざ、原曲と違う発音をする程に、まだ若かった彼女は既に英語が自分の身に付いていたのだろう。

ユーチューブで米国のスタンダード曲をいろいろ聴き始めたが、幼い頃に幾度か耳に入っていた曲が大部分であったことが判ったので懐かしかった。最終的には、パティ・ペイジが最もお気に入りになっていった。なかでも、「チェインジング・パートナー」での英語の発音はうっとりする程に上品で美しかった。やっぱり、英語の歌詞も美しいものは美しい。このパティ・ペイジはせっかく大好きになったのに、その途端の三年前に八十五歳で亡くなったという新聞記事が載った。この他には、デビー・レイノルズの「タミー」の歌詞と歌唱が愛らしかった。

英国歌手であるメリー・ホプキンの「悲しき天使」が当時の日本のフォークソングの雰囲気にも通じるところがあり、大変気に入った。ポール・マッカートニーがプロデュースしていると書いてあるのを読んだ。この歌詞の内容は阿久悠が書くような世界で、内容からすれば、原題の「Those Were the Days」の方がピッタリのタイトルで、日本語のタイトルはニュアンスからも誤訳だと思う。阿久悠は森田公一とトップギャランが歌う「青春時代」のような曲を作詞しているが、詩の雰囲気がよく似ているように思える。青春時代というものは実にこの歌詞の通りなのだと思う。阿久悠は時代とともに生きている人の心を表現する偉人だったと思わせる数々の名曲が残っている。

男性歌手では、アンディ・ウィリアムスの「ムーン・リバー」が懐かしかった。この曲のオリジナルは映画「ティファニーで朝食を」の中でオードリー・ヘプバーンがギターで弾き語りしていることは後で知った。ルイ・アームストロングの「What a Wonderful World」も懐かしいが、他にも多過ぎてキリがない。

二～三年間はこういう主にアメリカン・スタンダードを聴き続けていたが、同時に一九六〇年～七〇年代の日本のポップスもユーチューブで時々楽しんだ。聴き過ぎた結果、こういう習慣も最近の二年程は少し飽きてきていた。そして、平成二十六年に、テレビ番組の「のどじまん THE ワールド!」や「世界なんでその歌知ってるの?」というものをユーチューブで知ることになった。外国の人が日本の歌を真剣に愛おしく歌ってくれているのを数多く視て、異次元の驚きを受けてしまったと同時に、それこそ率直に嬉しい気持ちになった。

その流れの中で、平成二十七年にユーチューブでベビーメタルを見付けた時は、一瞬にして、強いインパクトを受けた。その後は、一旦、他の音楽はほとんど聴かずに、ベビーメタルのいろんなことをユーチューブの中で、見回るようになった。ただ、僕自身は、ベビーメタルの直前に、レディベイビーの「ニッポン饅頭」で先に大きい驚きを受けていたので、「何だ、これは」という驚きの程度はベビーメタルの初見の時にはなかった。

クラシックのレコード曲は、MP3変換の出来るプレーヤーを用いて、パソコン横付けのハードディスクに保存している。それで、机の前に坐ったままでBGMとして流す態勢にしているのだが、頻度としてはそんなに多くはない。音響に拘りのあるクラシック愛好家から馬鹿にされそうなパターンである。クラシック音楽は、今更、新しい曲を聴こうとする姿勢は、既に二十歳台からはほとんどないので、昔なじみの曲を何度も聴いているだけであり、それが幸せだった。しかし、こういうレコードやCDをゆっくり聴くという習慣は、この十年ほど前からほとんどなくなってしまった。人生の先行きが短くなるにしたがって、そういう感じになっているように思う。そのように理解する外がないということは実に寂しい気持ちだ。

ただ、以前にクラシック音楽から受けた充実感や高揚感は、直近の二年間はベビーメタルの素晴らしいサウンドによって受ける高揚感や充実感に取って代わられている。ということは、老い先が短いということだけがクラシック音楽への傾倒姿勢が減退したことでもないことになる。

9　日本の歌曲と日本語と日本の文化

僕は、敗戦直後に生まれた。そして、敗戦後の生活環境と義務教育の中で育ってきた。その雰囲気から感じることとは、幼児から成人になるまでの間には、敗戦からの日本の復興に向けての生活・文化的プロセスは、一直線のようなものではなかったように思う。政府の方針のことではなく、巷での様相のことだ。僕が小学生までの頃は、我が国の中からも隣接する国からも、第二次世界大戦で戦った日本は謝罪すべきだというような雰囲気を感じることはなかった。

韓国は李承晩ラインという国際法違反の排他的経済水域を戦後しばらくして設定して、敗戦国でまだ主権の認められていない弱い立場の日本をいいことに、十数年間もの間に亘って我が国の漁民を多数拿捕するような酷いことをしたことがあった。小学生の僕も新聞で何度もこの事態を知って、本当に腹が立ったものだ。この暴挙については米国も一応は非難をしていたらしいが、本気の非難をしていたとは到底思えない。敗戦国においては無法状態を強いられるというのが実態だったのだ。この韓国政府の悪事を許すことはできないが、しかし、この頃のことは韓国政府が自国の漁獲量を増やすことの自国の勝手な利益追求が主目的で、別に日本の戦争を非難したことではなかったように思われる。

韓国と中国が日本を非難するような雰囲気になってきたのは、成人になるかどうかの頃から次第に目立ってきたように肌で感じる。そういう雰囲気になってきたことには、我が国自身に内在する文化的・政治的な問題点こそが、実は、大きい原因であると思うのだが、こういう議論は、僕は、ここでは好んでしようとは思わない。

僕が小学三年生の時に転居して住むことになった大阪市西区の川口町という場所の辺りは、明治開国後の大阪の中心地だった。そういうところには外国人居留地ができるものだ。古い話だが、明治三十二年に川口居留地が廃止されて、その跡地を川口町と命名して一般に開放したということだ。すぐ傍に安治川が流れている。川口町の対岸に福島区の広大な大阪中央市場があった。淀川の元々の主河口はこの安治川だったが、人工の新淀川を掘削したために、そうではなくなった。そもそも、大阪湾における海外への玄関は、開国当初は大阪の安治川口に決まろうとしていた。現在の大阪港（僕ら大阪人はこの場所を築港と言った）の場所より北方にある地点だ。ユニバーサル・スタジオ・ジャパン（ＵＳＪ）はＪＲゆめ咲線のユニバーサルシティ駅で降りるが、その一つ手前の駅が安治川口駅だ。ところが、深さが不足することが判明した結果、神戸港をメインの港として開発することになったということらしい。

新しい住居ビルディングのすぐ傍に最初の大阪府庁と市役所の建物の跡があったし、川口教会という大阪最初のキリスト教会が目の前にあった。大阪の市電も最初に走ったところでもある。松島遊郭は僕の本田小学校の校区内にあった。その怪しそうな店の息子も同級生にいた。その時には、まだ中国華僑の街並みの名残が僅かにあったし、同級生に中国人がパラパラいた。朝鮮人も割合多くて、家に行ったり来たりする親しい友人もできた。今から思うと、在日朝鮮人であったのか、帰化した日本人であったのか判らない。とにかく、僕たちは、同じ級友という仲間だった。

その頃には、太平洋戦争についてのグラビア雑誌がよく出版されていた。タイトルには第二次世界大戦とか大東亜戦争という言葉はあまり見なかったように思う。主に、英米との海戦に関する内容を扱っていたためにそうなっていたのかもしれない。僕の家は子供用の本はなかったのに、そういう雑誌は時々買ってきていた。親父はそういうのを買う人ではなかったはずなので、兄が買ってきていたのだろう。夜、布団の中で、いつもは仲が良いとはいえなかった兄と「潜水艦ごっこ」という遊びをよくしていたのを覚えている。つまり、子供にとっては戦争というものにまだワクワクするような面があったのだ。そういう雑誌が出回っていたということは、少なくない大人たちにこそ、そういう気持ちが大きかったということを物語っている。当時、そういう雑誌から、子供ながらに読み取れたことは、それは即ちその頃の多くの大衆の持っていたコンセンサスであろうと思われる。

曰く「数年以上の戦争はアメリカには勝てないのは海軍には初めから判っていた」「マレー

沖海戦で大英帝国から歴史的な勝利を得た時から、航空母艦の時代と判ったはずだったのに、その後も我が国は戦艦重視の考えから抜け出せなかった」「ミッドウェイでは判断の間違いで馬鹿な目に遭ってしまった」「電信や暗号の技術にやられてしまった」とかの敗戦を反省ないし非難をするような雰囲気だった。非難は、我が国の政府や軍部に対してである。イデオロギーや政治的な匂いの希薄なコンテキストだったように思われる。

兄にはこうした子供の頃はいわゆる保守的な心持があったのだろう。兄は中学の国語の先生の話を面白がって僕によくしてくれた。その先生は国粋主義的な言動を隠さない人だった。羽織袴で授業をしていたらしい。嫌な授業を受けたくないと思う怠慢な生徒が黒板の真ん中に大きい日章旗の絵を描いておくと、教室に入ってきてそれを見とがめた先生は、嬉しそうに国粋的な話を喋りまくって、時間が過ぎるのだそうだ。結局、兄はその影響も受けたのだろう。そういえば、この頃、兄は「海行かば」を家の中でよく斉唱していた。僕も、厳粛な気持ちにさせるこの歌が好きだった。ただ、後年の兄には右寄りの考え方は次第に消えていった。

親父は出征したが、内地勤務だけだった。最後の仕事は鹿児島の知覧基地で神風特攻隊を見送る側にいたという。親父はこの特攻隊についてのことは少ししか話さなかったが、それ以外の当時の基地での実態については、僕らの兄弟に喋るのが楽しみのようだった。他には、子供にサービスをする話題がなかった。大体の話は、上官が部下を意味もなくイジメるという生態の話だった。「これじゃあ、日本はアメリカに勝てっこないよなあ」という馬鹿々々しいような部隊内の生態の経験談を聞いた。親父は自分が臆病者であることを僕たちに隠さなかった。というより、臆病であった自分が上官に対していかに対処したかというような馬鹿々々しい話が多かった。毎回同じような話だったが、何度聞いても面白かった。親父が僕たちにしてくれた一番のサービスだったと思う。

こういう部隊内の上官の蛮行を知るたびに、もし戦争に勝ったらどうなっていただろうという心配も生まれた。しかし、意味もなく偉そうにするのは下級の上官で、士官はそうではなかったということだった。任侠も医者も下っ端ほど偉そうにしたがることが往々にしてあるのと似ているようだ。

ただ、国外の現地で戦って運良く生還してきた軍人においては、戦争にまつわる酷過ぎて辛過ぎる事態にしばしば直面したらしく、「戦争のことはとても人に言えるようなものではありません。記憶は墓にそのまま持っていきます」という人が数多くいるらしい。最近のこの二十数年の間に、僕はそういう二人の患者さんの主治医になった。二人とも中間管理職的階級の人だった。玉砕の南洋諸島から命からがら帰還した二等兵だった方の場合は、覚えていることは引っ掛かりもなく話された。

そのうちに、僕たちの兄弟の間においても、「あのアメリカ人の体格には勝てないよなあ」と言い合ったりしていた。これは当時の厚生省が打ち出した「必要摂取栄養量の指針」のようなものと踵を一つにするようなものかもしれない。つまり、我が国が残念にも西欧人に負けてしまったのは理由があるのだろう。それは何かな、ということだった。確かに日本を再建していくに当たって、ＧＨＱの制限の下で問題はあり過ぎたが新政府もいろいろ思案していただけでなく、民間や大衆の方でも、役には立たないものの、いろいろ思案していたのだ。まことに論理的な解決志向的態度だった。その後、次第に、意味論的には不健全と判ずべき戦後のイデオロギー思想に世間が影響を受けていくことを傍観していくのだった。

中学校に進んだ頃だったと思うが、エスペラント語というのを耳にするようになった。これはかなり以前から提唱されていた人工言語だったが、多分、戦後の日本のいわゆる進歩的知識人が中心になって、我が国にも広めようとしていたようだった。高校の時には、物理の先生が忙しい仕事の合間を見つけて、有志にエスペラント語の勉強会を開いていた。敗戦者の日本の文化になにかしらの欠点があるのではないか、ということでしばしば挙げられるのが、日本語についてであり、その話は現在にも通じていて、ずっと議論が行われ、試行錯誤がなされてきた。これは、一つの解決志向性の議論ではあるのだが、戦前からの日本語教育のことを、戦後では頭から否定するような風潮が主流を占めてきたように思われる。僕は、日本語が次第に簡素化されていく風潮を残念に思って傍観しながら成人になっていった。

大学に入学して、僕は理科系の学生だったが、教養学部での人文系の選択科目で「言学」という講義を一年間受講した。担当のW助教授は講義の始めに、「これは、言語学ではなく言学です」といって解説されたが、ここのところは全く覚えていない。古代から現代に至るまでの日本語の発音の変遷や語尾変化と音便、そして日本語の国外からの由来や国内での伝播などについての専門的に感じる内容だった。僕は、高校生までは、日本文学に触れたことがほとんどなかったことを劣等感として感じていたので、この講義を選択したが、まあ良かったと思う。大学院に進んだ頃に、「思考と行動における言語」という訳本を書店の棚に見つけて買った。これは一般意味論の実践書のような書物だったが、かなりの影響を僕に与えた。

同じ文学的劣等感という理由で、高校二年生の時には図書クラブに入ったが、同級生になったY君も入っていた。彼こそ、「言葉遊び」にまみれた発信を僕にし続けてくれた文学の奇才と僕が認識した人物だった。他の友人は彼のそういう才能に関心を払っていなかったようだった。彼には、クラシック音楽のいろんな曲のレコードを貸してもらって、僕の音楽の幅も少し拡げてくれた。しかし、図書室の先生（単に、図書司書だったのだろう）は、潔癖症の感じのする女性で応対が拒否的に感じたので、彼も僕も結局は図書室に近寄らなくなってしまった。多分、僕たちが能天気でいい加減な人間に見えて、毛嫌いしていたのだろう。ただ、この時に大物理学者のガモフが若者向けに書いた「不思議の国のトムキンス」などの全集物を図書室から借りて読んだ。このことで相対性原理に大きい興味を持ち始めて、卒業前までは物理学者になりたいと思うようになっていた。

時代は飛んで、由紀さおりである。米国のジャズ・アンサンブルのピンク・マルティーニのリーダーが由紀さおりの「夜明けのスキャット」を聴いて、その透明感あふれる声音に参ってしまってから、交流が始まったらしい。平成二十三年に「１９６９」というコラボ・アルバムをリリースしている。「夜明けのスキャット」が世に出たのが、この一九六九年、昭和四十四年だった。僕が大学生の頃で、多分、兄がドーナツ盤のレコードを買っていたので、僕も当時、この透き通るような声に魅了された。今から七年前の頃からこのコラボレーションに関するテレビ番組がしばしば放映されて、僕もそれを視聴した。その番組の解説で、由紀さおりの声の素晴らしさは言うまでもないが、日本語の歌唱は、一つ一つの言葉の発音に深い感情や意味合いを持たせることが出来る素晴らしいクオリティがあるようなことを言っていた。これは米国の人が言っていたことである。

英語の歌唱では、大体は一つの音符に一つの「言葉」（word）が充てられている。これとは異なり、日本の歌唱では、大体は一つの音符に一つの「音」（仮名）が充てられる（最近の曲はそうでもないのが増えているが）。しかも、日本語の場合は大抵は母音が含まれている。これにより、日本の歌唱では気持ちを込めて謳いやすいのであると僕も思った。

僕は、大学生時代はサイモン＆ガーファンクルが大好きで、二枚入りのＬＰレコードのアルバムを買って、歌詞を全部覚えようと繰り返し聴いていた。多くのビートルズの曲の歌詞は何ともないようなものだったが、ポール・サイモンの詞の場合は実にポエムであると思った。その素晴らしい曲を聴いたり歌ったりしながら、「英語の歌詞ってほんとに格好が好いなあ」と思ったものだ。そして、例えば、音符が八つ並んでいるとすると、英語の歌なら大体は八つくらいの言葉をこなせるが、日本の歌なら二〜三個くらいの言葉しかこなせない。そういう意味で英語の方が優れており、日本語にはハンディキャップがあると、日本語を愛するこの僕でさえも、この頃はそのように思っていた。物事というのは、思う程には簡単に決めることなど、なかなか難しいものだということだろう。

主要な外国語の発音については、日本語に近いのが、ラテン系の言語だろう。ラテン系と言ってもフランス語だけは異なる。イタリア・スペイン・ポルトガルなどの言葉は、日本語と同じように母音が含まれている割合が多い。英語のヒアリングが非常に下手な日本人にとっても、ラテン系の人やドイツ人が話す訛りのある英会話は判りやすい。これは僕のことなのだ。ラテン系の歌は日本人にも自然風に歌うことができる。多分、日本語の歌をラテン系の人々は歌いやすいのではないかと思う。実は、英語はかなり厄介な言語であるかもしれないのに、アングロ・サクソン系の国々が長らく世界を武力や経済力や科学・文化の力で席巻してきたために、今のような英語中心の世界になってしまった。特に、戦後の七十年余は超大国の米国の影響力が突出してきたので、英語が国際語と同義語のようになってしまっている。

最近、米国のシュラーという人が書いた書物を読んだが、自国の「アメリカ例外主義」という哲学について批判的に解説している。「アメリカは正義だ」「アメリカは素晴らしい国だ」「他国はアメリカを羨ましがっている」と思っている人々が多いということだ。この本の中で、「アメリカの独立時は、実は、イギリス系移民とドイツ系移民の比率は半々だった。そういうことで、英語と独語のどちらを国語にするかについて投票があった結果、英語が一票差で勝った」ということを記している。

僕自身は米国には留学したこともあるし、多少話をしたことがある外国人は英米系の人たちが多かったし、どちらかというと、多くのアジア人や日本人がそうであるように、米国に親近感を持っている。概して、善良でお人好しなところがあると思う。それと裏腹なのが、やはり独りよがりで自己判断絶対主義的なところなのだということだ。僕は若い頃から、しっかりとそのように認識している。

国際的度量衡制（いわゆる、メートル法）というのがある。長さはメートルで重さはキログラムが単位の基準となっている。同じように、温度は摂氏である。これを守らないのは米国を含めて三カ国だけらしい。他の二カ国はかなりの小国にすぎない。いまだに、フィート、パウンド、華氏という単位を日常に用いている。馬鹿じゃないかと思う。世界のプロボクシングでの計量では恥ずかしげもなく、この姿勢を押し通していることが腹立たしい。しかし、科学論文では彼らもセンチメーター、グラム、摂氏で表記しなければならないのだ。しかも、科学の数式はメートル法の数値を代入するとして表記されているので、それに従わない日常生活に慣れている者は、面倒なはずだ。

米国のプロ野球の頂上決戦を「ワールドシリーズ」といっている。馬鹿じゃないかと思う。日本のマスコミも嬉しそうに「ワールドシリーズ」と何の躊躇もなく垂れ流している。「米国シリーズ」なのだ。では、日本の柔道選手権や剣道選手権を「ワールド選手権」というのだろうか。国際的なアマ機構の傘下にあるのでそれはもちろん許されないのだが、たとえ許されるとしても日本人は控え目だからそういうことはしない。

米国は自分が一番偉いと思っている国柄であるから、彼らの外国についての評価も独りよがりであると思ってかからないといけないだろう。というより、外国のことには関心が薄く、それ故に無知なことが多い。要するに、たとえば、アカデミー賞やグラミー賞はあくまでも米国内のドメスティック・イベントに過ぎないと心得ておく方が好いと思われる。

僕は、これを書いている四年ほど前の平成二十六年に、日本テレビ系の番組の「のどじまんＴＨＥ ワールド！」を観た。それより三年前から不定期に放映されていた番組だったが、それまで知らなかった。この番組には驚かされた。欧州や米国やアジアやラテンアメリカなどからやってきた外国人が日本の特設スタジオで日本の歌謡曲の「のど自慢コンテスト」をするのだが、歌唱レベルが凄すぎる。ネイティブな日本人が歌っているかと思われるくらいに自然で、かつ、ＮＨＫの「のど自慢」で優勝する人たちよりレベルが高いと思った。それから、何回かその後の番組を観ることになった。次第に判ってきたことは、外国人の出場者は、日本語の微妙な歌詞の意味を完全に把握していることだ。というより、日本語の美しさに魅せられたから日本の歌を歌う人もかなり多い。

由紀さおりの話の続きだが、「母音が多い、一音符一音」という日本語での歌詞の密度と、日本語の語彙自身の他に類を見ないと思われる程の多様さや繊細さが、次第に普通の外国人を引き寄せているということが判った。下らない番組の多い昨今だが、この番組はバラエティー番組としては上出来と思われる。

この時から一年程経った三年前に、見逃した回の番組を観ようとユーチューブを探してみた。ユーチューブは実に有難いもので、多くのこの番組の録画を視聴することが出来た。ところが、ユーチューブのサーフィンをしているうちに、テレビ東京の「世界なんでその歌知ってるの？」という別の番組の投稿動画に行き着いた。この番組は、テレビのスタッフが外国に出かけ、街角で声を掛けて日本語の歌を歌える人を探すのだ。

この番組の中で、大の親日国であるトルコの演歌好き女性歌手は、八代亜紀のことを「こんな表現力のある歌手を知らない」と言いながら、心を込めて「舟唄」を謳っていた。彼女は

「演歌というのは歌詞から情景が浮かび上がってくるところが素晴らしい」との分析までしていた。

外国人が、「日本語の歌が素晴らしいと思ったので、日本語を覚えようと思うようになった」というケースもあるだろうし、逆に、「日本語を覚えるようになってから、日本語の歌が好きになった」というのもあるだろうし、同時進行というのもあるという風な状況が判ってきた。僕自身が英語の歌を好きになったことを振り返ると、その三つのどれもありそうに思われる。

このうちで、先に日本語を知ったという場合を考えてみた。

最近のポーランドについては、元々大の親日国家であるが（ワレサ元大統領自身が、「ポーランドは日本が手本だ」と、現職の時に発言しているらしい）、日本からの数十社のメーカーが進出したので、ワルシャワ大学の一番倍率の高い学科は日本語学科となっているとのことだ。

そういう場合もあるが、いろんな情報から浮かんでくることは、幼少時から日本の輸出品であるマンガやアニメとともに成長してきた外国人は莫大な人口に及んでいるらしい。このうちの一部の人が、吹替ではなくてオリジナルな日本語で、それらを楽しみたいと思い始めるとしよう。母集団の数が途方もなく大きいので、こういう殊勝な人たちの実数も相当多いと思われる。サッカーのスーパースターの多くは、「キャプテン翼」を読みながら（観ながら）サッカーが上手くなりたいと思ったと言っている。僕自身は、こういう種類のマンガやアニメについてはほとんど知らないし、今でも積極的に見たいとも読みたいとも思わない。現在では、大人もマンガやアニメから抜けきらない人も多いらしいが、そういうのには僕は共感するものではない。僕は、活字文化を大事に思うものだ。ただ、日本のアニメには美し過ぎる映像の作品が溢れているので、それは僕も誇りに思っている。そして、マンガやアニメの功績は非常に大きいというべきだと僕も思う。それは、日本の国益のためにもそうなのだが、外国にとっても文化に多様性が増して良いことだと思う。

話は逸れるが、僕は、小さい頃からナンセンス漫画は大好きだった。小学生の時は、手塚治虫も好きだったが、杉浦茂の時代劇物のギャグ漫画が大好きだった。彼の漫画には「味わい」を感じた。中高校生の時は漫画には興味はなくなっていた。暇が出来た大学の下宿時代には、「漫画サンデー」という週刊誌が面白くて毎週買っていた。近くに下宿していた同級生のＫＨ君はバレーボール部に属していて、僕とは接点がほとんどなかったのに、この「漫画サンデー」の一点で話が合った。お互いに赤塚不二夫と黒鉄ヒロシを高く評価していた。僕は、黒鉄ヒロシには相当嵌ってしまって、文庫本のシリーズものを別に買い揃えた時があった。

その後は、何といっても「いしいひさいち」の四コマ漫画だった。彼の漫画は「ナンセンス」の系譜の先にあるのだと思うが、「ユーモア」と同時に「エスプリ」なんであろう。「風刺漫画」と言ってしまうほどには単純でないと思う。正に芸術あるいは職人芸なのだ。彼の文庫本シリーズの「ドーナツブックス」は二十九巻までは買い揃えてある。他のシリーズを含めると六十冊くらいは蔵書として大事に持っている。彼の作品を読んでいると、人間の能力の凄さに接した時の「幸せ」を感じてしまう。彼の漫画には、大阪の新庄という庶民の街に住んでいる「東淀川大学」の学生たちが登上人物としてよく出てくるので、大阪の「あほらしい」文化が滲み出している。

話を元に戻すと、日本人の僕たちや子孫が、この国に住みやすくし続けるには、外国の人々からの共感を得ることが重要だと思われる。その一番レベルの高い方策こそ、日本語の輸出なのだ。財力や武力だけで影響力を与えようとするのは上策ではないと思う。日本の秀れたテクノロジーや個々の日本の伝統文化を輸出することこそが良策で、究極は日本語の輸出なのだと思う。そういう意味では、麻生太郎が総理大臣であった時こそ、実はこの点に関して、政治的にチャンスがあると僕は思った。

彼はマンガ・アニメのオタクでもあるらしいから、これらが日本の今後の戦術あるいは戦略に重要であることを認識していたはずだと思う。東京にマンガ・アニメのテーマ館を作ろうという構想を持っていたように聞いたことがある。ところが、七年前の首相だった時に、彼がテレビでの発言の中で漢字を読み間違えることが時々あって、「いつも漫画ばっかり読んでいるからだろう」と批判的な論調が出てきてしまった。さらに運の悪いことに、総選挙で野党に敗北して政権を奪われてしまった。彼のような、企業家でもあり、政治家でもあるし、マンガオタクでもあるという幅の広いバックグラウンドを持った人物は貴重な人材なのだと思う。
それでも、今日の状況としては、「マンガ」や「アニメ」の貢献によって、日本に対する好意的な国際感情が次第に広まっており、それは最近の日本への外国人観光客の増加にも反映していることはネットからの情報で感じることが出来る。経済的にみても日本の利益に貢献している。

もちろん、それまでにも日本の伝統文化の素晴らしさについては、外国人に「知る人ぞ知る」的な息の長い貴重な蓄積がある。寺社文化と木造建築・源氏物語・和歌や俳句・茶道・武士道・書道・襖絵・浮世絵・和服など、数えきれない。最近では、折り紙・組み紐・組木作りなどの精緻な技術や風呂敷のようなものも一部の外国人に人気がある。そういえば、江戸時代には既に優れた絡繰り人形や絡繰り時計の驚くような精緻な技術があったのだ。僕は、数年前に上野公園にある博物館で実際に見たことがある。

算盤も教育的観点から外国の一部に関心が持たれている。ただし、この算盤は、もともと、古く欧州あたりから中国を経て日本に伝わったものらしい。日本で素早い操作ができるように改良されたことにより質の転換があった。欧州では、現在ハンガリーやその他の国では日本に見習って授業に用いられているが、逆に日本では、もうそういうことは少なくなっており、一部の子供がそろばん塾に通うだけの有様になっている。

平成二十八年の四月からテレビ東京が放映している「世界！ニッポン行きたい人応援団」は、こういう日本の伝統文化をもっと日本で学びたいという外国人が主役だ。しかし、マンガ・アニメから日本文化に入って来た無名の外国人は数で遥かに凌駕しているのだろう。幸い、十年前には日本最大の「京都国際マンガミュージアム」というのが開設されて、今では外国人の旅行者も訪れるそうだ。

僕は、いろいろ書物を読んだり、ネットでの情報も読んだりして、最近では、日本語は最も素晴らしい言葉であるという持論に達している。先ず、言葉の響きの美しさ。以前はそういう認識はなかった。最近は外国人がそう言うのを知る。僕は、子供の時は英語に憧れた。フランス語は世界で一番美しい響きがあるという評価は自分にはよく分からなかった。現在では、確かに仏語の響きは最も美しいものの一つというのに同意する。と同時に、日本語も美しいと思う。機能的には、ニュアンスや定義の微妙に違う同種類の語彙の数が飛びぬけて多く、表現力の得意なのが日本語だ。表記の仕方も、漢字・片仮名・平仮名、さらにはアルファベットも違和感なく文章の中にばら撒かれている。こういうことからも、細かいニュアンスや面白みが容易に付加できる。最近は「絵文字」までも広まっており、これが外国の人たちにも知られるところとなってきている。

しかし、このような多角的な言語的な技術的利点は、その裏返しとして、「幼少時から身に着けさせるのに過度の負担を強いる」という欠点があるということが、戦後ずっと問題とされてきた。そして、国語教育の時間を割いて、他の理科系や情緒教育に時間をかけるべきであると議論されてきた。さらには、ゆとり教育という似非知性的文化人が言いふらした政策を導入した結果は多くの人の知るところだ。

端的に言えば、幼少時からの「過度とも思える国語教育」が実は、その後の多方面の能力の開発の礎になっているのだ。「詰め込み」でもなんでも好いのだ。幼少時は訓練が重要なのだ。そして、情緒も科学的思考も拠って立つところの基礎は言語なのだ。言語が豊富でないのに、どうして情緒が豊かになるのだろうか。言語が豊かであったから、我が国の科学の水準が高いのだ。

特に、現代に生きている僕たちは、明治維新の頃の福沢諭吉などの偉大な思想・教育・文化人に大いに感謝すべきだと思う。今の日本語の豊富な一般・文化・政治・経済・哲学・科学・芸術などにおける語彙はこの頃に大量に発明・生産された。西欧語の概念や語彙を個々に輸入するに当たり、翻訳・造語した。元の西欧語よりも日本語の方が出来が良いことが一般的だと思われる。現在の中国や韓国のこういうジャンルの語彙の大多数は、明治維新以来の日本語の造語を輸入したものだ。

文学の場合の翻訳に面白い例がある。上田敏は訳詩集「海潮音」の中に、ドイツのカール・

ブッセの「山のあなた」という訳詩を入れているが、元の詩は母国でも評価は高いとはいえない程のものだが、訳詞は我が国で有名なほどの名文となった。僕の中学校の教科書にも載っていた。

科学や技術の世界においては、西欧の原文を読まなくても日本語だけの閉鎖空間の中で概念化や議論が完結できるという素晴らしい状況だ。日本人の誰か一人が、個々の原文の翻訳をしてくれれば、後の大多数は日本語だけの議論で進むことが出来てしまい、しばしば、その成果は日本発ということになっている。こういう状況は非西欧の他国では皆無とまでいえることだろう。日本が、テクノロジーで世界を凌駕し、最近のノーベル賞の受賞が世界を席巻していることは、基本的にこういう優れた日本語文化に拠ると思わなくてはならないだろう。

最近、日本の大学のランキングが低下していることを以て、「こういうことでは、ノーベル賞レベルの研究も見込めなくなる。最近の日本人によるノーベル賞受賞の席巻は過去の遺産を食いつぶしているだけだ」というような、日本の将来を真剣に憂えるような評論家が多い。そうして、必要な予算以上に莫大な予算を要求する勢力がみられる。僕は、全然そうではないと思っている。この素晴らしい日本語教育を疎かにすると、そういう憂いが現実のものになると思う。

そもそも、大学や科学雑誌のランキングの評価項目こそ、その妥当性の検証がなされるべきものと思われる。この評価項目を眺めると、西欧の価値観や市場経済的価値観のバイアスがかかり過ぎているように思われる。そもそも、「国際基準」という主にキリスト教をイデオロギーとする単に西欧諸国の価値基準に盲目的に憧れることや従うことは愚かな「似非知性主義」と判ずるべきではないのだろうか。

日本語の奥行きの深さは、千数百年間に亘る支那あるいは中国の文化への変わらない尊敬に基づいていることが多い。漢字自身がその表れだが、漢籍や中国思想も進んで取り入れて、現在においても深く根付いている。英語圏の人々でインテリを自認するような人々はシェイクスピアに多少の造詣を持っていなくてはならないのであれば、日本のインテリは多少の漢籍の素養があるべきだということだ。シェイクスピアよりも漢籍の方がはるかに深みがあるし、曖昧ではなく具体的であると僕は思っている。現在の時点で、中国の文化的伝統を一番学んでいるのは、実は、中華人民共和国ではなく日本なのだ。易姓革命の中国では、古い歴史書などはしばしば毀捨されることがあったが、最終的に、毛沢東思想が中国の古い伝統を随分と破壊してしまった。最近、やっと中国の若い人たちにおいて、この点において日本に見習わないといけないという意識が芽生えているのは良いことだと僕は思う。

朝鮮半島は、日本と違って、歴代の中国王朝の強力な影響下にあった。だから、漢字文化の影響が大変強かった。朝鮮半島とベトナムの人たちの苗字は、今も中国式なのだ。朝鮮半島の人たちは古くから中国の儒教的な文化を、日本とは違って、剛直的に取り入れたようだ。朝鮮人は、ハングル語という伝統とは無縁の表音文字を導入した後、迂闊にもそれまでの主要文字であった漢字を捨ててしまった。ということは、自国の古い歴史的な文献が残っていても、多くの人には読めなくなっている。しかも、そういう文献の多くは捨て去ってしまっている。だから、自分たちの歴史に関する多くのことが、実は検証できない人々で溢れているらしい。

中国の時代劇とは異なり、韓国の時代劇では、時代考証はよく判らなくなっているので、「適当に、都合の好いように、あるいは恣意的に」やっているという記事を読んだことがある。僕は中国制作の歴史ドラマはケーブルテレビで観て楽しむことがあるが、韓国の歴史ドラマを観ようという気にはなれない。ドラマのストーリーは内輪もめとか愛憎が前面に出てきて、国士のような人物は出てこないので魅力を感じない。

僕のワイフは一時期韓国ドラマ（時代劇）をよく視ていたので、不思議に思って理由を尋ねたことがあった。そうすると、「私は衣装に関心があってみているの」との返答だった。

将来の発展のためには、急がば回れで、先ずもう一度、漢字を復活させ、中国の古典に親しくなることを、僕は、朝鮮半島の人々にお勧めするものだ。

科学や技術の領域では、日本語と違ってハングル語での適当な概念の訳語を作ることが難しいので、西欧の文献は直接原文を読まないと上手くいかない。ただ、ハングル語で何とかこなせるようになった概念的な語彙の多数は、福沢諭吉以来の日本発の造語なので、そういう意味では既に、日本語に依存している言語になっている面がある。中国でも似たような状況らしい。数割以上にも達する日本語から輸入した語彙があってこそ、現在の朝鮮語も中国語もその機能を維持できているらしい。

我が国の英語事情といえば、「読み・書き」はできても「会話」が駄目、というのがお決まりだ。このことは、先に述べたような日本の素晴らしい状況の「玉子」でもあり、「鶏」でもあると、僕は思う。英会話がなぜ下手か？　経済的にも文化的にもそれなりの大国で、日本語のみでほぼ全てを貫徹出来てしまう日本の中では、英会話ができなくても、それなりの生活や仕事が出来るからだ（英語の読み書きは、英会話とは違って、絶対に必要だ）。東南アジアや韓国でそれなりの場でそれなりの立場でいるためには、英語を話すことが死活問題となってくる。日本では英会話を実践せねばならないような環境は全体としては稀であり、日本人には英会話に必死になる必要性がそもそも希薄なのだ。

今後も、我が国が現在のステイタスを維持し続ける間は、英会話は上達しないだろうと、僕は随分以前から秘かに予測している。需要と供給の関係であるからそれで好いのだ。英会話の教室に行っても、日常生活や仕事の中で、実際にそれを実践する機会がなければ、上達には限界がある。結果はほぼ無駄になると思われる。

中学校の英語の教師を「英会話が出来ない」とか「発音が下手だ」と言って非難する輩がいる。僕は、ずっと以前からそういう発言者を愚か者だと思っている。日本では、従来からおこなってきた専ら読み書きばかりの英語教育が正解であったことは、冷静に検証すれば明らかであるはずだ。いずれの言語であっても、会話というものは経験的で恣意的なものであり、理屈では進みにくい領域だ。義務教育にはなじまない点が多いとも思う。

外国人と必要があって会話する場合は、「何を言いたいのか」「言いたいことがあるのか」が問題であって、下手な英語であっても、相手が自分の話を聞きたいという力関係があれば、あまり問題がなくなってくる。そういう力関係がなければ、外国人と接触する場合に英会話はそれなりに上手くなければ具合が悪いことは確かだ。

学生の時に英会話を克服しようと思えば、ESSという英会話同好会でやれば好い。この場合は、効率の良い上達が見込めるだろう。英会話は、趣味で「是非続けてやってみたい」という強い情熱がある場合と、仕事で外人と直接やり取りしないといけないという切羽詰まった場合とに限って頑張れば好いのではないかと思う。こういう場合は意欲が高いので、上達が速いのだ。

なお、僕自身は急に米国留学が決まって切羽詰まった状況にあった時にも、特にヒアリングに欠陥があって、英会話がほぼできないままで帰国した。その欠陥が相当ひどいので、「ストレプトマイシン注射には第八脳神経以外の脳障害があるのではないか?」という疑問に最近ようやく気付いた。

ところで、日本人における英語の発音やヒアリングの問題点、とりわけ僕が特に苦手なヒアリングについては、我が国のローマ字教育の悪影響があるということに、これを書いているうちに気付いた。相手が独国や伊国・西国・葡国などのラテン系の国の言葉であれば、ローマ字教育にあまり不都合はなかったと思う。しかし、相手が英語であれば、なまじっかローマ字読みを知らない方が良かったはずだ。

英語の語句の発音において、母音はむしろローマ字読みとは異なると思っておく方が正解である。加えて、英語はアクセントとイントネーションで言葉を認知するので、平面的なローマ字読みの感覚があると、英語を勉強するに当たっては、ゼロからの開始でなく大きいマイナスからの開始となっているのだ。僕は米国滞在中に、ボスが親切に何度もゆっくり発音してくれる「休日」が聞き取れなかった。「holiday」は、絶対に「ホリデイ」ではなく、「ハラデイ」だった。


欧米では、自分たちの国にないような技術や文化や概念を日本から輸入しようとする流れができている。このことは、最近までに、次第に進行してきた現象のようだ。英語などの「kawaii」「karaoke」「kaizen」「umami」や「judo」「karate」「tsunami」というそのままの輸入語の他に、造語まである。

例えば、フランス語の「tatamiser」というのは、「畳」をもじったもので、「日本風の室内様式を取り入れること」を指すらしい。フランス人というのは、総じて、自己文化に過度の誇りをもっているように振舞うことが多くて鬱陶しいところがあるが、以前から日本文化への秘かな理解者が多い。第二回パリ万国博覧会が慶応三年に開催され、江戸幕府政府の日本が初めて参加したところ、日本の文化が驚きをもって迎えられた頃から、そういう潮流があるようだ。フランスを中心に欧州の印象派の画家や作曲家の巨匠たちが、これらの日本の絵画の影響を受けたことは有名なことだ。

平成十三年リリースのスタジオジブリの宮崎駿作品のアニメーション映画「千と千尋の神隠し」の主題歌「いつも何度でも」を作曲者でもある木村弓が竪琴を弾きながら歌っている。歌詞の部分もスキャットの部分も実に素晴らしい曲で、僕の中では由紀さおりの「夜明けのスキャット」や、さらには八代亜紀の「舟唄」に、勝るとも劣らない曲だと感じている。覚和歌子による歌詞が、サイモン&ガーファンクルの曲の「Old Friends」の歌詞のところにも書いたが、方丈記の冒頭文にもあるような我が国の伝統的な無常観の趣を感じる。

この曲は多くの外国の人たちが日本語で美しく歌っていることをユーチューブで視ることができる。数年前にその曲をフランスのとある街（モンティニ・アン・ゴエル）の小さい教会の中で若い娘さんたち（少人数の男性もいた）のソロと合唱とのアンサンブルで歌っている動画をユーチューブで見付けた。日本語の発音も見事な美しい音色と素敵な映像の、実に感動的な動画だった。

言葉というものは生き物であり、時代とともに変わっていくことは学問的にも「それは自然の流れである」ということだ。最近の、「マジで」「ヤバい」などの若い人たちが作り出している言葉は、年寄りも拒否しているばかりでは芸がないと思う。しかし、昔から存在する、以前から共有されてきているニュアンスを持った素晴らしい言葉を同時に使うことができる教養を維持することを並行していかなければならない。そのうちに、一部の外国人の方が日本語への造詣が深いとなってしまうのも恥ずかしい。ユーチューブを視ていると、既にそういう現象が起こっている。そのためにはどうすれば良いか。小学生の時からある程度の古典教材を与え続ければ良いだけのことだと思う。文部科学省という役所の見識次第だと思う。同時に、マスコミの見識と教養次第でもある。しかし、それらは国民一人一人の感じ方・考え方・生き方の鏡でもある。

第Ⅱ部　ベビーメタルとの遭遇

1　ベビーメタルへの入り口

僕の入り口について

これを書き始めた二年少し前の平成二十七年のことだが、僕は外国人が日本の歌を歌っているユーチューブ動画を時々ネットサーフィンしていた。そういうところでは、日本に来た外国人観光客の受けた日本の印象についての動画も混じっていて、これらも興味深かった。この年の八月頃、サーフィンしているうちに、不意に、「Nippon Manju（ニッポン饅頭）」という動画に行き当って、びっくり仰天した。ロック的なＪ‐ＰＯＰのバックにのって、二人の少女と真ん中に外人の男性という三人のユニットが歌って踊っていた。そもそも、タイトルの「ニッポン饅頭」というのが、滑稽で面白かった。

歌詞は、あたかも日本の観光庁のＰＲソングのような内容で、日本の良いところを列挙した挙句に、「どうか、こういうものが詰まった日本饅頭を自国に持って帰ってね」というものだった。踊りも曲も詞もなかなかのものだったし、コスチュームの仕立ても色合いも日本でしか作れないのではないかという素晴らしいものだった。僕は非常に気に入ってしまった。

二人の女の子はこの年のミスアイドルということだった。そのうちの一人の金子理江はグランプリを獲得したということで、流石に物凄く美形だ。もう一人の子の黒宮れいはジュニアのグラビアアイドルの世界では名の売れた子らしい。真ん中の男性は女装好きのプロレスラーでレディビアードというオーストラリア人で、その筋では名が売れているという。彼は、たとえグッド・ガイであっても、僕には気持ちの悪い以外の何物でもなかった。

ユニットの名前はLADYBABY。後日調べたら、クリアストーンという国内大手のコスチューム会社がプロデュースしたPR目的の企画だったらしい。成る程、そういうことかと合点した。この動画は、CDのリリースに先立って七月にユーチューブにアップされた。最初の五日間で百万回、四カ月で一千万回の再生があったらしい。主に外国での再生だということだった。人気が出たために、この年の間にアメリカなど外国へもライブ進出している。

僕は、多分一カ月程してからこの動画を見付けたようだが、既に、外国のギャルたちが、この踊りのカバー動画をアップロードしていた。僕は、この年末の忘年会で行なうアトラクションにはこれをやってもらおうと思った。翌日の昼食の時に、職場のナースたちに「物凄い面白い動画を見付けたぞ」と知らせておいた。

その後も、ユーチューブで、外国の人達のダンス・コピーの動画や、書き込みの動画などを当たっていた。すると、外国からの書き込みに「また、日本かよ。いい加減にしろよ。お前たちにしか出来ないね、こういうのは」という風な書き込みがあった。全体を読めば、これは非難ではなくて、実は「一本取られた」と言って賞賛しているのだった。僕は、「またかよ」という言葉がその時には判らなかった。

そうこうしている間に、数週間ほど経ってから、BABYMETALというユニットの動画に行き当たった。多分、九月に入っていた頃だと思う。この時に、「また、日本かよ」の意味が判ったと思った。最初のものはこのベビーメタルに違いないと。ベビーメタルの音楽とダンスのレベルの高さに瞬時に引き込まれた。本質的にはサウンドとダンスと歌詞が僕にとって新鮮で素晴らしかったのだろう。歌って踊っている女の子も可愛くて、かつ、振り付けがより洗練されていた。このベビーメタルを見た瞬間に、レディベイビーへの僕の関心は急に薄れていって、年末の忘年会のアトラクションの話は立ち切れになった。男性職員から「怪しいコスチュームを着て、真ん中で踊る覚悟をしていたんです」と、後日聞いた。

LADYBABYについていえば、この翌年の平成二十八年八月にレディビアードが抜けて、その後は二人のユニットとして活動を続けているそうだが、僕は全然知らないでいる。新ユニットの名前は「The Idol Formerly Known As LADYBABY」となっていることは、ネットで調べて判った。要するに、このユニットはあくまでもアイドル路線一本ということだ。このユニークでアトラクティブな表現は海外を視野に入れている命名だと思った。

ベビーメタルというのは、三人の女の子のボーカルとダンスのユニットだが、バックにメタルバンドが付いている。僕は、ロックやメタルという音楽は、そもそも聴く機会もほとんどなかったが、一般的には自分には合わないジャンルと今でも思っている。「単に喧しい」と思うからだ。そういう僕が、ベビーメタルを視聴したとたん「これは凄い」と感じたのだった。

インパクトが強かったので、その後の数カ月は、毎夜、ユーチューブ動画を当たり続けた。そうすると、彼女たちが所属していた「さくら学院」のいろんな動画や、ベビーメタルについて書き込みのあるスレッドなど、沢山のユーチューブ動画に出くわした。そして、年末までの三カ月の間に、これはもう一つの世界的「現象」になるのではないかと思った。

この「現象」という言葉は既にあちこちで出回っていた。僕自身は、五十年前のビートルズ現象のことを念頭に置いてそのように思った。しかし、一方で、冷静に考えると、日本人に限ってみても、このベビーメタルを知っている人はまだまだ非常に少ないことも確かだった。

読者諸氏への入り口

平成二十七年秋からの一年余の間に僕が知ったベビーメタルのことを、あまり知らない方へのイントロダクションの目的で書いておくことにする。

大手芸能プロダクションのアミューズが、平成二十二年の四月に、「さくら学院」という小中学生限定の少女アイドルグループを結成した。この中で、結成時からのメンバーである中元すず香と少し遅れて入学してきた水野由結と菊地最愛の三人で軽音楽部ならぬ「重音部」という課外活動という位置づけでメタルダンス・ユニットを結成させた。

手始めに、「ド・キ・ド・キ☆モーニング」という楽曲を録音すると同時に、この年の十一月二十八日に横浜のライブで初披露している。その時の彼女たちは、それぞれ十二歳（中学一年）、十一歳（小学六年）、十一歳（小学六年）だった。先進西欧諸国では「アウト」と思われる。日本は良くも悪くも特殊な国だ。

翌年の平成二十三年二月に「ベビーメタル」と命名している。なお、日本語の読みは「ベイビーメタル」ではない。プロデューサーの小林啓が「ヘビーメタル（ヘヴィメタル）」と「アイドル」との合体というコンセプトでもって立ち上げたので、「ヘビーメタル」をもじっている。この企画においては、その後もダジャレや言葉の遊びにまみれているという雰囲気がある。それも、僕の一寸気に入っているところだ。

ところで、「ヘビーメタル」は「ヘビメタ」とも単に「メタル」とか呼ばれるが、六〇年代～七〇年代に出現してきたジャンルらしい。ロックンロール（ロック）の激しいものが「ハードロック」というジャンルになり、それが、さらに激しくなったものらしい。いずれにしても、僕には詳しいことは判らない。その後も、トライ&エラーで方向を模索していく過程で、さらにいろんなサブジャンルが出現して併存しているらしい。

しかし、ヘビメタはもともと特徴のあり過ぎる音楽ジャンルであるが故に、大衆に広く支持されることはない。コアなサポーターの支持によるものだからこそエキサイティングだというのが現状なのだろう。しかし、こういうコアなサポーターへの最近の若い人々の参入が多くないので、愛好家のポピュレーションの推移からは苦闘しているのが現状と思われる。

ヘビメタにおいてはボーカルなどの演奏者や関係者に何々メタルという名義を付けるのが習慣らしい。そこで、中元すず香、水野由結、菊地最愛の三人は、それぞれSU-METAL、YUIMETAL、MOAMETALと名付けられた。スーメタルはボーカル&ダンスで、他の二人はスクリーム&ダンスという役割となっている。実際には、スーメタルが一人で歌唱する曲や、他の二人だけが歌唱する曲も存在する。スクリームは「叫ぶ」であるが、ここでは「合いの手」という程の意味でもある。なお、プロデューサーの小林啓はKOBAMETALや「コバ」という方が通りがよいということだ。

ベビーメタルは作曲が素晴らしいこと、歌詞が日本語と日本語文化の遊びまみれでユニークであること、メインボーカルの声が素晴らしいこと、三人のダンスが素晴らしいこと、バックのメタルサウンドのレベルが素晴らしいことで、どの要素を抽出しても、僕は、超一流、少なくとも一流、だと思う。加えて、三人の彼女たちが、かなり美人ないし可愛いと思われるので、揃いに揃っている。数多くの内外の視聴者もそう思うようだ。しかし、絶対数からすると、日本においても評価しないか知らない人たちの数の方が圧倒的に多いことのようだが、こういうことにはこの業界やテレビ業界の利潤追求の構造に大きい原因があるようなので、今のところは仕方がないことかもしれない。

ベビーメタルの成り立ちは次のようなものらしい。大手の芸能プロダクションのアミューズで小林啓がプロデューサーになった時に、新しい企画を期待されていたので、人材を物色した。彼は、「さくら学院」の期間限定のサブユニットだった「可憐ガールズ」のメンバーの中元すず香の声がとても素晴らしいことを知って、彼女が活躍できるユニットを考えようとしたらしい。しかし、彼女に匹敵する他のメンバーを見付けることが出来なかった。そこで、彼女の両横で天使のような少女が踊ったり歌ったりするようなパターンを考え出した。

この時、コバメタルが非常なメタル好きであったことと、アミューズでは、既に「パフューム」という三人組のテクノポップユニットが海外でも成功を収めていたという客観状況があった。「パフューム」が「テクノ音楽＋可愛い」なら、次は「メタル音楽＋可愛い」の戦略をトライすることに決めたということらしい。「可愛い」というのは「アイドル」と互換性のある概念でもあるが、「kawaii」という語や概念の方が世界語になりつつある。つまり、僕は、関係している人材が全て素晴らしいとは思っているが、成り立ちの経緯からすると、中元すず香あってのベビーメタルであり、コバメタルあってのベビーメタルであるということだったのだろうと思う。

最近までに米国のビルボードやグラミー賞のホームページにも何回かベビーメタルの記事が

取り上げられているが、「今まで誰も見たことがないアメージングなステージ」という評価は、舞台の振り付けに拠っているところが大であると思われる。その振り付けはＭＩＫＩＫＯ（水野幹子）という人が、コバメタルの意見を入れながら、創作している。彼女は、その前に、アミューズの社長のアドバイスにより一年半のニューヨーク滞在をしていた。見聞を広め感性を熟成させて日本に帰ってきたが、ニューヨークからパフュームの振り付けをビデオレターでおこなっていたということだ。

現在、大活躍のエグザイル系の素晴らしいダンスなどは元々は米国の黒人ダンスの流れを汲んでいるのだろうが、ミキコはニューヨークに居た時に、逆に日本人のスタイルと機能と感性にあった振り付けを新たに創作しようと思ったらしい。そうであるから、ベビーメタルのダンスはパターンからして斬新なのだろう。

ミキコは、体育会系のスピードとパワーを三人に要求し続けていて、しかも、難解なリズムのダンスを強要しているらしい。三人はそれに健気に応えることを貫徹しているので、その舞台の動画を視聴すれば、そういう内実を知らなくても、「そんなに体いっぱい使って、踊って歌って、本当に大丈夫か」と心配する程の本気度のパフォーマンスに圧倒されて、心を揺すぶられて涙する人も少なくない。実際に、書き込みの中で、若い者も年老いた者も感激のあまり「涙する」というのをよく見掛ける。

この前のリオデジャネイロ・オリンピックの閉会式での五輪旗引き継ぎの日本のパフォーマ

ンスは、椎名林檎と協力してミキコが担当しており、東京オリンピックのアトラクションでも引き続き、彼女たちが担当するそうだ。ミキコは既に実力者として認知されている。

中元すず香は広島市出身で、三歳の時からモデル活動を開始している。八歳の時にアクターズスクール広島に入学した。奇しくもパフュームはこのタレント養成学校の先輩であることから、すず香はずっと彼女たちに憧れていた。当初から、歌唱力の目立っていたすず香は奨学金をもらうことになったので、授業料は免除されていたことと同じだった。僕は、この頃の動画をいくつかユーチューブやデイリーモーションで視聴したが、容貌も可愛かったが、何といっても八頭身的な細身のスタイルの良さと上半身の動きの柔らかさが目立っており、ダンスも切れが良かった。多数踊っている遠景の舞台の中でも、彼女をそれと同定することはそれほど困難ではなかった。彼女はその頃から腹筋の機能を相当使い出していたように僕は思う。歌唱の時もダンスの時も、そう思わせる体幹部の印象だ。

彼女は九歳の時にアミューズのオーディションで準グランプリをとり、アミューズにも所属するようになった。十歳の時にテレビ東京のアニメ番組「絶対可憐チルドレン」のテーマソング「オーバー・ザ・フューチャー」のために結成された三人のユニット「可憐ガールズ」のメンバーになった。しかし、番組は一年で予定通りの終了となったので、その時点でこのユニットは解散した。この曲によってＳＵＺＵＫＡの存在がその筋では知られるようになったものと思われる。この頃、彼女はこのアニメ番組で声優に初挑戦したり、ミュージカル「冒険者たち」に出演したり、小中学生向けのファッション雑誌の専属モデルになっている。

つまり、彼女の芸歴は短いものではなく、ジャンルの幅が広いことが判る。そして、「可憐ガールズ」の解散から一年後にベビーメタルが結成された。

なお、中元すず香には日芽香という一歳半上の姉がいる。幼い頃は二人のデュエットでステージに上がったことがあり、ユーチューブで視ることができる。ユニット名はＴｗｅｅｎとなっていた。その姉が平成二十三年に乃木坂46の一期生のオーディションに合格したのを契機に、翌三月に母親と三人だけで東京に転居した。つまり、中学一年生からは東京の人となった。

スーメタルの両脇で演技する神奈川県出身のユイメタルと名古屋市出身のモアメタルの二人についても、やはり幼少時から芸能活動をしていた。彼女たちの存在感についてはユーチューブへの書き込みに現れている。端的に言うと、「由結は美人」であり、「最愛は可愛い」である意見に大体は集約が出来そうだ。もちろん、ダンスの素晴らしさについての書き込みも非常に多い。二人のそれぞれのサポーターの応援合戦の趣もある。外国人は当初は二人が似過ぎていて区別が付かなかった人が多かった。

二人は、もう六年も素晴らしいダンスとスクリームで活動を続けてきた。今や、その筋ではメタルボーカルのクイーンとも評価され崇められているスーメタルの代役を探すのは困難過ぎると思うが、僕は、ユイメタルとモアメタルの二人の存在感も極めて大きくなってきたので、僕にとってベビーメタルのこの三人の代役はいないように思う。

ベビーメタルのプロモーションの戦略は、従来のアイドル路線とは一線を画している。それは、ベビーメタルの曲想のコンセプトと不即不離のようだ。ライブではことあるごとに「アイドル路線に対するレジスタンス」と宣言し続けているし、代表作の一つと考えられる「Road of Resistance」の曲はそういう宣言の文言が貫かれている。二枚目のアルバムの「Metal Resistance」というのもその表明だろう。

サポーターや観衆と出会うのは、基本的にライブのステージだけだ。ライブについても、トークは一切なしで、基本的にはアンコールもない。ライブのパフォーマンスだけでの勝負であり、観客には「それで納得してください」というスタンスだ。

テレビの一般の歌謡番組やバラエティー番組には基本的には出演しないという方針のようだ。そこに、海外での人気に比較して、日本での知名度が極端に低い理由がある。過密なライブでの疲労は大変であろうが、彼女たちは、ある意味で、そういう恵まれた環境で活躍させてもらっていることに感謝しているのではないかと、僕は思う。彼女たちはＡＫＢにあるような「握手会」や「選挙」などというものに煩わされることはない。

いずれにしても、これから何年の間、ベビーメタルが活動し続けられるのであろうか、というのがサポーターの大きい関心事となっている。彼女たちがいつまでも少女のままのはずはないのだからだ。多くのサポーターは、彼女たちの束の間の輝きを見守っているという心境だろう。

コバメタルもベビーメタルの三人も「ベビーメタルという新しいジャンルを築くように頑張っている」と表明しているが、それがもし目論見通りに進めば、第二、第三のグループが名乗りを上げてくることになる。その場合には、外国人のユニットも出てくるだろう。もしそうなれば、そういう意味での「ベビーメタル現象」といえるかもしれない。ただ僕は、こういう筋書きの通りにはならないように予想している。このレベルに達する人たちを集めることは我が国でも困難のような気がするし、欧米では未成年者をこのように活動させることは社会通念上でも無理だろう。この予想は残念なことだとも、そうでもないとも、今は何とも言えない気がする。

ベビーメタル楽曲のメモランダム

楽曲の発表の形態としては、主なものとして、ライブなどのステージでの発表、CDアルバムのリリース、DVD（ブルーレイを含む）のリリース、ユーチューブへのアップロードがある。その他、テレビやラジオの番組の中での露出があるが、これらは非常に少ない。現時点での僕が把握している主な発表を簡単にメモしておく。

アルバムCDは二枚ある。最初のアルバムは「BABYMETAL」で、平成二十六年二月二十六日にリリースされている。曲目は十五曲（十四種類）。①Babymetal Death、②メギツネ、③ギミチョコ!!、④いいね!、⑤紅月・アカツキ、⑥ド・キ・ド・キ☆モーニング、⑦おねだり大作戦、⑧4の歌、⑨ウ・キ・ウ・キ★ミッドナイト、⑩Catch Me If You Can・かくれんぼ、⑪悪夢の輪舞曲、⑫ヘドバンギャー!!、⑬イジメ・ダメ・ゼッタイ（I. D. Z.）、⑭Road of Resistance（R.O.R.）、⑮ギミチョコ!!（ライブ in ロンドン）。

二番目のアルバムは「METAL RESISTANCE」で、平成二十八年四月一日にリリースされた。曲目は十二曲。①Road of Resistance（R.O.R.）、②Karate、③あわだまフィーバー、④ヤバッ!、⑤Amore・蒼星、⑥Meta! メタ太郎、⑦シンコペーション（日本盤）または、From Dusk Till Dawn（EU盤）、⑧GJ!、⑨Sis. Anger、⑩No Rain, No Rainbow、⑪Tales of the Destinies、⑫The One。こちらの方のアルバムは、英国の総合アルバムチャートで十五位になり、日本人の記録を更新した。また、米国のビルボードで三十九位となり、日本人での歴代二番目のランクに入った。オーストラリアでは総合七位に入り、日本人初のチャートインとなったとのことだ。

「ドキドキモーニング」が最初の曲で、これが重要な原点だ。いつ視聴しても新鮮で古っぽくない。これは平成二十二年十月三十日に初録音され、このDVDシングルがインディーズ・

デビュー曲となった。十一月二十八日に横浜赤レンガ倉庫一号館でのさくら学院ライブで初披露されている。平成二十三年の十月十二日に、このミュージック・ビデオ（ＭＶ）がユーチューブに公開された。

平成二十三年七月二十三日に「I.D.Z.」が、平成二十四年一月に「いいね」が、平成二十四年六月に「ヘドバンギャー」が、平成二十五年十二月に「ギミチョコ」がステージで初披露された。

ＣＤシングルとしては、平成二十四年七月に「ヘドバンギャー」がリリースされている。平成二十五年一月にリリースされた「I.D.Z.」はメジャー・デビュー曲となった。平成二十五年六月に「メギツネ」がリリースされている。最初のアルバムの「BABYMETAL」がリリースされる前日の平成二十六年二月二十五日に、これに収録されている「ギミチョコ」のＭＶ（幕張メッセでの映像）がユーチューブにアップされたところ、これが世界中で猛烈に広がり、その年の間には三千万回以上の再生が記録され、その後一億回近くの再生にまで増え続けている。ベビーメタルが世界に広がる契機はいろいろあったのだが、特にこの「ギミチョコ」のユーチューブが人気を爆発させたといわれている。再生回数のさらなる増加が、爆発の継続を示している。

とにかく、平成二十六年がベビーメタルの転機になったようだ。始動から約四年かかったことになる。平成二十六年三月一・二日に東京武道館でワンマンライブを行い、これをもって

「メタルレジスタンス第一章」を完結したと宣言している。面白い言い回しをする企画だ。「スピード」の持っていた、武道館における女性のワンマンライブ史上最年少の記録を塗り替えた。

最初の海外ステージは、平成二十四年十一月の「アニメフェスティバル・アジア」というのが開催されたシンガポールにおいてだった。平成二十五年には、インドネシアで行われた同イベントにも出演している。この東南アジアにおいてはファンに対してのサインや握手の場を設けていた。平成二十六年二月には、台湾でも同国のメタルバンドとのコラボ・ライブを行っているが、その前年に台湾のテレビのバラエティー番組に出演しており、いずれもユーチューブの動画などで視ることができる。

平成二十六年七月から翌年の一月まで、本格的にワールドツアーを始めた。訪問国は、仏、独、英、米、加、日、米、英、日、の順だった。ここから、「メタルレジスタンス第二章」が始まったそうだ。

英国での最初のステージは、四十周年記念にあたる伝統ある「ソニスフェア・フェスティバル」での七月五日の舞台だった（このツアーにおいて、七月一日に仏国で、七月三日に独国で先行したライブのステージがあった）。当初は、このフェスには出演メンバーに入っていなかったが、ユーチューブやＣＤで英国内外でも急に人気が出だして、その圧力が直接間接に影響して、急遽、召集された。主催者側の人たちやメタルの複数の出演者も既に、ベビーメタルの存在を知っており、主催者が思い切って、急に出場のゴーサインを出したということらしい。日本で開催されるロック・フェスティバルには毎年、欧米の一流といわれるロックバンドが招待されているが、彼らがベビーメタルのステージをそのフェスで観ることになり、帰国してからそのアメージングさを噂にしていたらしい。プロフェッショナルは概ねいち早く、そのクオリティを認めていたようだ。しかも、主催者の英断でメインステージでの出場という驚きの展開となった。

この「ソニスフェア・フェスティバル」の舞台は、そのパフォーマンスが大成功を収めて、欧州での人気を加速させたターニングポイントになったと思われる。このライブをアップしているユーチューブ動画の中にはファンカム動画で全編を見せているものもあるが、ベビーメタルの公式サイトには最後の曲目の「I.D.Z.」の録画が載せられている。この画面は高画質であり、存在感のあるステージと観衆の盛り上がりを伝えてくれている。僕は、この動画が無数のベビーメタルの動画の中で最高かなと思っている。僕には、これが歴史的な瞬間であることが判っているので、なおさらそう思うのだけれども、このステージは昼間の野外であることから、自然光の中でいつもより薄目の化粧の彼女たちの日本人独特の肌の美しさが目立ってもいる。

このユーチューブ動画で判ることは、「観衆に日本人がほとんどいない」「観衆が数万人に膨れ上がっている」「舞台には中学・高校生の三人の女の子」「日本語で歌っている」「そして、大声援を浴びている」。

この年の七月三十日から始まったレディー・ガガの北米の五カ所で行われた公演には、前座のパフォーマンスを依頼された。そして、異例のこととして、彼女はその前座のステージを最前列で楽しんだ。ちなみに、レディー・ガガは少なくない米国のミュージシャンや俳優がそうであるように、もともと大の日本贔屓なのだ。

また、十一月の英国での追加公演では、ドラゴンフォースとのコラボ・ステージが行われ、「R.O.R」を披露している。その後も、多くの大物メタルバンドからのコラボ依頼が続いている。


平成二十七年には、五月から六月の短期間の間にワールドツアーを行っている。訪問国は、メキシコ、加、米、独、仏、スイス、伊、墺、日、だった。日本での活動が主だったこの頃の期間が、「メタルレジスタンス第三章」ということらしいが、僕はこの時期の九月頃に初めてベビーメタルをユーチューブで知ったということになる。


平成二十八年四月一日に、二枚目のＣＤアルバム「Metal Resistance」を世界同時発売した翌日から三回目の世界ツアーを開始した。訪問国は、英、米、スイス、蘭、独、仏、米、日、の順だった。

キック・オフは伝統ある英国のウェンブリー・アリーナのライブで、最終が九月十九・二十日の東京ドームでのライブとなった。この一連の活動が「メタルレジスタンス第四章」というのだそうだ。この英国のワンマンライブに一万二千人を動員したが、そのほとんどが欧州在住の人たちで、従来の日本人歌手の海外ツアーの多くの怪しい企画とは一線を画している。東京ドームでは二日間で十一万人を動員した。外国人の聴衆もかなり見られたし、その一部は飛行機に乗ってやって来た人たちだった。

ベビーメタルが平成二十五年十月にさいたまスーパーアリーナで行われたヘビメタ・フェスである「Ｌｏｕｄ　Ｐａｒｋ」に初めて出場した際には、メタルのジャンルにアイドルが乗り込んできたという事態に大きな騒ぎになったということだ。多くの観衆からの反発が非常に大きかったが、そのハイレベルなパフォーマンスを次第に認めるような状況になっていったらしい。要するに、当初、アイドルがメタルに殴り込んできたということにメタル愛好者の多くが反感を持ったということらしい。

特に、海外での多くのメタル・ライブでは観衆の柄が悪くて、演奏が気に入らないと持っているペットボトルを一斉にステージの方に投げ込むらしい。そういうことで、海外での初めてのフェスのステージであった英国での「ソニスフェア」では不安な気持ちでステージに登ったということだ。ところが、既に述べたように、実際にはそういうことは起きなくて、ステージが進行しているうちに、特に比較的前の方に居た観衆がノリノリになってきて、モッシュという集団的な動き回りを行いだしたり、合いの手を入れたりする様子が記録されていて、成功裏に終わったことがはっきりと判る。

いずれにしても、「アイドル＋メタル」のベビーメタルは本物（ジェニュイン）か偽物（ギミック）か、という論争がその頃からメタルの世界では続いている。大衆のメタル愛好家の趨勢は僕には判らないが、欧州や日本のメタルのプロフェッショナルの方は好意的評価に固まっている。僕は、正統派論争というのは、どの領域においても、好みではないので、どっちでも好いのだが、そのようである。というのは、欧州では、最近は毎年のように複数のメタル雑誌に好意的に取り上げられ、もう何回も賞をもらっている。人気者や大御所のメタルバンドが共演をオファーしており、その後でベビーメタルを好意的に評価していることを表明している。

ただ、冷静になってみるべきことは、メタル音楽というジャンルそのものがオタク的なので、普通の庶民にはやはり関心度が少ないし認知度が低いという現状だ。実は、次第に低迷傾向が進む欧米のメタル業界においては、ベビーメタルがヘビメタ全体の救世主になる可能性について期待しだしているようである。ベビーメタル自身にとっても、欧州の業界にとっても、ウイン・ウインの構図になっているようだ。

しかし、広い音楽ジャンルを扱う、権威のあるビルボードのホームページやグラミー賞のホームページにも何度か動画や記事が紹介されている。どの領域においても「米国が一番である」といういささか傲慢で、米国以外のことにあまり関心や価値を持とうとしないが故に無知であり、「おふざけでないよ」と言いたくもなる米国でも次第に広く認知されるようになっている過程のようだ。

そして、東京ドームでのライブの後で、一昔前にグラミー賞を獲得した、日本での通称「レッチリ」という米国のメタルバンドが、平成二十八年の十二月に英国で行われるツアーにベビーメタルが共演するようにとの依頼をしてきた。この年の予定は九月の東京ドームで終わりだと思っていたが、アミューズはそれを引き受けた。三人の女の子や神バンドをはじめ、関係者の気力や体力が大丈夫か気になるところだ。ただ、その「レッチリ」はメタルの一部の大衆からは「あんなのはメタルではない」と言われたことがあるらしい。メタルの世界は正統派論争が煩いようだ。

ベビーメタルのバックバンドの「神バンド」は今や世界的にもその実力が高く評価されている。元々はそれぞれに所属するバンドの一流のメンバーだが、アミューズに呼ばれてベビーメタルのステージに集結するようになった。平成二十五年以降はこの「神バンド」と呼ばれる、ギター二名、ベース一名、ドラムス一名の四名からなるバックバンドが生演奏を務めている。神バンドはベビーメタルにおけるメタルの神「キツネ様」により召喚されたとし、顔にコープス・ペイント（死に顔のような化粧）を施し白装束を着用している。最近はずっとドラムスは青山英樹、ベースはＢＯＨが担当しているが、ギターについては大村孝佳、Ｌｅｄａ、藤岡幹大の三名のうちの二人が交互に参加している。

しかし、最初は黒地に白柄の骨格デザインの装束を被った「骨バンド」というバンドがライブやミュージック・ビデオなどに出演していた。この人たちは顔も装束で隠しているので、どういう人たちであるかはよく判らない。「神バンド」と違って、「骨バンド」はステージではエアー演奏であったらしい。レコーディングやステージ用のサウンドを実際に担当しているのかどうかも僕は知らない。初期の作品の音作りは、後の神バンドの人たちが担当していたのかもしれない。


僕は、平成二十四年十月〜二十五年二月に行われた、Ｌｅｇｅｎｄ-Ｉ・Ｄ・Ｚという三回の一連のライブをまとめたブルーレイ・ディスクを持っている。Ｉ・Ｄ・Ｚは「イジメ・ダメ・ゼッタイ」の略語と同じだ。まだ初期の幼さの残っている彼女たちの完成度を味わうことが出来て、興味深い。どのステージのセットリストも似たり寄ったりで、十一〜十二曲が演じられている。

ただ、「Ｌｅｇｅｎｄ Ｄ」はスーメタルの十五歳の誕生日を祝う「生誕祭」という設定があり、素晴らしいカバー曲がセットリストに含まれている。スピードの「ホワイト・ラブ」、赤い鳥の「翼をください」と可憐ガールズの「オーバー・ザ・フューチャー」だ。最後のものはスーメタルからすれば、自己カバー曲となる。この三曲はこの機会の他には選曲することはないようだ。さらに、この三回のステージでは、どれも「君とアニメが見たい」が選曲されているが、なかなか良い曲だ。これはもともとキバオブアキバというバンドの曲のカバーソング的なものらしく、この曲もやはり他のライブではあまり選曲されていないようだ。この曲は、本来のベビーメタルのオリジナルと言っても違和感がないくらいの雰囲気の曲だが、オリジナル曲でないので、「Babymetal」のアルバムには収録されていない。

この三部作のブルーレイをゆっくり鑑賞してみると面白い。この三回のステージには、すべて「骨バンド」が出演している。ところが、平成二十五年二月に行われた最後の「Ｌｅｇｅｎｄ　Ｚ」のステージでは、十一個のセットリストの最後の二曲である、「ベビーメタル・デス」と「イジメ・ダメ・ゼッタイ」からは「神バンド」に交代していたのだ。ということは、このステージには両者を招集していたことになる。この辺りから、ライブが「神バンド」の生演奏にレベルアップしたようだ。初期のステージではボーカルも「口ぱく」のことがあったように聞いているが、最近のこの数年のステージは、ボーカルもバック演奏も基本的には「生」で勝負していると信じられている。

（追記）神バンドのギター奏者の藤岡幹大氏が平成三十年一月五日に一週間前の転落事故の外傷が原因で死去されたという訃報を僕は知って、驚きとともに大変残念に思う。

（追記）平成二十九年十二月二・三日には成人になったスーメタルの出身地である広島グリーンアリーナにてライブが行われた。この直前にユイメタルが体調不良となり出演できなくなったとのアナウンスがあった。そういう訳で、初めて彼女の抜けた二人だけのライブという変則のステージとなった。願わくは、もうしばらく今の三人娘の路線で活躍かつ進化していって欲しい。

2　ベビーメタルとの一年余

ベビーメタルのユーチューブの動画を初めて見た一昨年の平成二十七年九月頃から、一年前の平成二十八年十二月いっぱいまでの、一年余の間の僕におけるベビーメタルについて振り返ってみようと思う。平成二十九年以後のことは、中途半端になるので、ここには書かないことにした。

ところが、いざ書き始めようとすると、記憶が随分と曖昧だ。特に最初の頃の経時的な流れは正確には思い出せない。僕は日記を書き留める習慣を付けていなかったことを、今になって後悔している。仕方がないので、曖昧の残るままに書いてみる。記憶と記録に残っている資料の出処の大部分はユーチューブ動画からのものだ。

一昨年九月頃に「ニッポン饅頭」のレディベイビーをチェックしていた時にベビーメタルに出会ったのだが、最初の頃の最も印象深い動画は「ドキドキモーニング」だった。彼女たちが十一〜十二歳の時のミュージックビデオ（ＭＶ）だ。まだ「さくら学院」の「重音部」に在籍中のもので、ベビーメタルの公式サイトに公開されている。コスチュームは現在のゴシックロリータ調のものではなく、黒と赤茶色のチェック模様の入った学園調のエレガントなものだった。三人の容姿も可愛くて、ダンスのセンスも新鮮だったし、メロディー・リズムも乗りが良く、メインボーカルの声も良さそうだと思った。

歌詞の文言の多くの部分は聞き取れなかったが、それは問題にはあまりならなかった。曲とパフォーマンスが良かったからだ。海外での人気が非常に高いことも判ったが、外国人の視聴者たちはもちろん意味がほとんど判らないはずだが、それでも気に入った理由が良く判る。


最初に知った曲は、ベビーメタルのオフィシャルサイトに公開されていたMVの「Ｉ．Ｄ．Ｚ．」「ヘドバンギャー」「ギミチョコ」「メギツネ」とこの「ドキドキモーニング」だった。僕が知った時は、ベビーメタルが最初の「ドキドキモーニング」を発表してから五年も経っていた。日本ではテレビにはほとんど露出がないので、全く知らなかった。僕は、テレビのバラエティー番組を視ることがあっても、歌の番組はほとんど視なくなっているので、たとえたまに出演していたとしても視る機会はなかったと思う。最近の歌番組といえば、ティーンエイジャー向けのようなものがほとんどで視る気がしない。基本的に、下手な連中が多過ぎて、曲の質も悪いと思う。小室哲哉がプロデューサーとして大活躍していた頃の若者の曲は素晴らしいものが多かったので、その頃までは僕も楽しんでいた。

ＮＨＫでは細々と演歌の番組が続いているが、いつもＮＨＫがお気に入りのメンバーの中の入れ替えばかりで新鮮味がない。最近の演歌をたまに視ても、曲自体にも歌手自体にも個性が少ないので、続けて視る気がしない。そのうちに殻を破る作品が出てくることを期待している。

ベビーメタルがデビューしてからしばらくすると、外国の人たちのカバー動画も沢山アップされだしている。アジアの中では、とりわけインドネシアの少女たちのカバー動画が多かった。こちらの方は、カバーダンスが主で、特に「ドキドキモーニング」の人気が高いようだった。「ドキドキモーニング」は、その後のベビーメタルの曲におけるダンスの素晴らしさを既に具現しており、特に真似をしたくなりそうな乗りの良い振り付けの組み合わせだ。インドネシアにはシンガポールとともに早くから現地で出演したことがあり、とにかく人口が非常に多い国なので、ファンの実数が多いのだろう。

欧州の方は、カバーソングやカバー演奏やそれらのタイアップの曲が多かった。どれにも拍手をしてあげたいが、ブラジル出身で米国在住の女性歌手である Layne Guilia が歌う「紅月」のカバーソングが特に良かった。母国語がポルトガル語なので、日本語の歌詞をネイティブに近く発音しやすいのではないかと思うほど、完成度が高かった。もう一つ、Sellest Media による非常に多くのカバー曲がアップされているが、男性のバックバンドとともに完璧な日本語で歌う若い金髪美人の映像は衝撃的だ。

ベビーメタルについてユーチューブで見ることができる動画は、既に書いたようなオリジナルなＭＶやカバー動画の他に、特定の話題に関する投稿と応信の組み合わせである「スレッド」を扱う動画や、ライブ動画など、バラエティーに富んでいて、利用者にとっては実に有難いメディアだ。ライブ動画は何かのＤＶＤの一部をアップしたようなものの他に、ファンカム動画といって観客が自分のビデオカメラで撮影したものがある。そういう動画をアトランダムに視聴することができるので、どんどんサーフィンしてしまう。こういういろんなユーチューブの動画を随分見回ったが、いろいろ観ていて単純に楽しかった。これらの動画によって、日本の内外におけるベビーメタルの立ち位置を知ることができる。国外からの投稿がかなり多いことが特徴と思われた。ただ、こういうところにあるスレッドは主にサポーターサイドの情報なので、僕は、これらの意見の総体を全体の相似と思ってはいけないということは承知している。サポーターの偏った意見の他に、希望的観測が入り込み過ぎている情報が多かった。これは、ネット情報を読む時の一般的な注意事だ。

一年前のこの頃は、スレッドの中で、ベビーメタルの音楽がメタルとして許容できるか否かという議論で沸き立っていた。ギミック（偽物）だ。いやそうではない。また、そういう議論の前に、「何じゃ、これは」という驚きを多くの人たちに与えたことが良く判る。僕のように「ワワッ」と思ったと同時に気に入ってしまった者もいるが、最初は拒否的な者も少なくなかったようだ。しかし、その後、曲が頭から離れなくなり、数日の間にのめり込んだという話もいくつもあった。長い間ギミックだと騒いでいた者が、その後のめり込んだケースもいくつかあった。

僕は、一～二年前まではこういうユーチューブのスレッドを訪れるような習慣はなかったのだが、こういうスレッドを見回っているうちに、僕のような門外漢には覗けないような貴重な見聞を得ることができた。ベビーメタルに関するスレッドには、素晴らしいと評価する点を専門的な観点から論じるというものがやたらと多かった。

スレッドを立てる者も、リプライする者も、ある者は演出家であり、ある者はバンドマンであり、ある者は音声トレーナーであり、作曲をする者も作詞をする者もいた。ダンスに関する専門家もいた。さらに驚いたことには、ベビーメタルの練習やリハーサルでの具体的にあったことなどを詳しく書いている者が何人もいた。内部の関係者や、少なくとも外部の協力者でないと書けないようなスレッドがいくつもあった。

こういうスレッドをサーフィンしながら、その間にベビーメタルのMVの動画やライブの動画を繰り返し視聴するのに全く飽きなかった。結局、ほぼ一晩中視聴していたことも時々あったが、アドレナリンが出ているためか、不思議なことに、翌日の仕事にも不都合があることはなかった。世の中には、ある状況を契機に睡眠が必要でなくなった稀な人がいるようだ。僕は、そういうことを書いた本を若い頃に買って持っている。その人は、仕事関係の緊急事態のために数日の間眠ることが出来なかったのだが、その後でそういう体質になったとのことだった。

そのうちに、ついに僕は、一晩中ベビーメタルを流しながら眠くない日が数日続いたので、「ベビーメタルのお蔭でそういう体質に変わったのかもしれない。これはえらいことになったかな。しかし、もしそうなら、時間を有効に使えるぞ」と思った。だが、実際のところは、数年前から徐々に不眠症になっていたので、眠れないからベビーメタルを聴くという悪循環に陥ってしまうようになったということでもあった。そのうちに、必要な睡眠はどこかでとらないといけないという普通の体質のままであったということが判った。元々、僕は、中学生の頃から物凄い「眠たい病」の体質であって、昼間は困ることが多かったのだが、逆に、夜が眠れなくなってしまったのだった。


最初から一～二カ月経った十月頃に、ベビーメタルがカバー曲を歌っている動画を見付けた。スーメタルが独唱する「スピード」の「ホワイト・ラブ」と三人が歌う「赤い鳥」の「翼をください」だった。僕は、数カ月の間ベビーメタルを視聴して、素晴らしいと喜んでいたが、この「ホワイト・ラブ」を初めて聴いた時にスーメタルのボーカルの非凡な力量についての確信を得た。

スピードは十数年前のボーカル&ダンスのスーパーグループだった。ベビーメタルの出現までは、武道館のワンマンライブの最年少の女性グループの記録を持っていた。その代表曲の

「ホワイト・ラブ」を歌うことは、スピードの存在を意識しての挑戦のはずだ。「スピード」は特に島袋寛子のアメージングな独特の高声音を武器にしていた。ところが、スーメタルの「ホワイト・ラブ」を聴いて、びっくりしたのだ。二つの「ホワイト・ラブ」は、片や枠で格好の良いイントロから始まるスローテンポの曲であり、片や、イントロなしのハイテンションでハイピッチの歌唱が歌いだされるなどの曲想自体に大きい差がある。時代の差も感じる。どちらも素晴らしいので、僕は、優劣を論じることを意図するものではないが、スーメタルの「ホワイト・ラブ」はスーパー島袋を凌駕したと思った。この曲で、僕は、スーメタルの歌唱の実力を知った。スーメタルはあの曲の高音部をさも容易に奏でてしまった。しかも、いつもの激しいボディーアクションも伴うなかである。スーメタルの歌唱力に疑いを持とうとする者は、先ず「ホワイト・ラブ」を聴いた方がよい。加えて、「スピード」の二人のソロの歌唱に比較すると、スーメタルの滑舌のレベルが高いことが判る。幼少時からのボイストレーニングが効いているのかなと思った。

「赤い鳥」の女性ボーカルの一人の山本潤子はその後、「ハイファイセット」やソロ活動で活躍したニューミュージックの実力派歌手だ。その透明感のある歌声もまたアメージングだ。その曲をカバーするというのもやはりチャレンジなのだろう。このカバーについては三人による合唱だったが、ベビーメタルはそれなりの存在感を示した。

この二つの動画はスペイン語と思われる訳詞とローマ字とが付けてあった。ラテンアメリカの人たちが、オリジナルな動画を元に編集をしてアップしたもののようだった。そこで、この動画のオリジナルを探しているうちに、それが平成二十四年十二月二十日に赤坂ブリッツというTBS運営のライブハウスで開催された「レジェンドD」というライブの中で発表された三曲のカバー曲のものであることが判った。この日はスーメタルの十五歳の誕生日だったので、「生誕祭」という副題がついたライブだった。スーメタルが生まれた年が「スピード」が席巻していた時期だったので、その代表曲の「ホワイト・ラブ」を選択したということになっている。

三曲目のカバー曲は、スーメタルがメンバーの一人であった「可憐ガールズ」の「オーバー・ザ・フューチャー」だった。「レジェンドI・D・Z」という三部作のライブのDVDは限定販売であったらしく、また、先ほどのユーチューブの動画はしばらくしてプロダクションのアミューズからのクレイムにより削除されてしまったので、見ることが出来なくなってしまった（その後、また復活していた）。ところが、今年の五月にアマゾンの通販サイトに在庫があったので、ブルーレイのものを購買することができた。こうなってくると、アマゾンで探す方が便利だとなってくるが、町の本屋の存在も重要なので、今後も併用していこうと思う。

その前の四月には、街中の蔦谷書店でやっと、「Babymetal」と「Metal Resistance」の二つのCDアルバムを見付けて買っていた。

ベビーメタルを知った翌年の平成二十八年の四月二日からの世界ツアーの出発地となる英国のウェンブリー・アリーナにおける日本人初めてのワンマンライブの開催は、特に欧州と日本の大きな注目を集めた。直前の三月のＷＯＷＯＷテレビでもベビーメタル特集があった。その放映では、ロンドンのウェンブリー・アリーナはビートルズ、Ｕ２、マドンナなどの有名ミュージシャンがその舞台を踏んだ「聖地」であり、その舞台に立てることは名誉なことであると報じていた。多分その通りで、今後も他の日本のミュージシャンがそう簡単に立てる舞台ではないと僕は思う。

ただ、ウェンブリー・アリーナでの本邦最初のミュージシャンは直前の三月十二日に、我が国のロックバンドのレジェンド「Ｘ　ＪＡＰＡＮ」がその栄誉を得るはずだった。しかし、メンバーの病気が原因で一年延期になってしまった。その結果、ベビーメタルが最初の栄誉を得ることになった。運も実力のうちか。「Ｘ　ＪＡＰＡＮ」の公演は一年後に開催されることになった。

平成二十六年のロンドンでの最初のライブもそうだったが、ロンドンはベビーメタルに大きい成長をする機会を与える重要な都市となり続けている。しかも、その公演はほとんどが欧州の聴衆で、大成功裏に終わったということだ。このウェンブリー・アリーナでのライブの一部は七月のＷＯＷＯＷに放映され、ＤＶＤとしては十一月二十三日に販売されることになった。

僕には三人の娘がいる。長女は一男一女の母親で大阪に住んでいる。彼女は物事の事務処理に優秀なところがあるので、嫁いでからも、ネット通販などあれこれ頼んでやってもらうことが時々ある。四月にロンドンから始まったベビーメタルの世界ツアーは九月における東京ドームの初舞台で終わることになる。五月頃、僕は、長女に東京ドームのチケットを買うように頼んでおいた。そうすると、チケットを優先して入手するためには会員メンバーになることだといって、頼みもしなかったのに手続きをしておいてくれた。ネット上に「THE ONE」という会員用のウェブサイトがあり、会員になるとそこから入っていって、情報を得ることやチケットの購入手続きすることができる。

東京ドームの方の申し込み受け付けは、まだ先の話ということだったが、彼女が八月頃に何件かのライブの予定記事を見付けた。これは会員限定のライブで、これを先行して申し込んでおいてくれた。外国ツアーの後は東京ドームだけだと勝手に思い込んでいたが、そうではなかったのだ。大阪・東京・名古屋で、それぞれ二日連続の「白ミサ」というタイトルのライブがあった。八月二十五日がこのシリーズの最終日だった。

たまたま、僕の家族は、八月二十六日から二泊三日で高山や長良川への旅行を予定していた。ワイフの老いた母親のケアを兼ねての旅行だった。一日早く名古屋での一泊を入れると折り合いが付くのだった。こういう小規模のライブへの参加は古稀の僕一人であれば躊躇するところだが、娘の誰かと一緒なら勇気も出るというものだ。

たまたま、このタイミングで、次女が「実は、結婚したい人がいるので、認めて欲しい」と言ってきた。次女と父親である僕とのコミュニケーションはあまりなかった。こういう殊勝なことを言ってくることは一生に一度だろう。ルーテル学院高校の陸上部の駅伝の選手だった彼女と一緒に何度かジョギングしたことはあったが、二人で一緒にどこかに行ったことはあまりなかったし、今後も滅多にないだろう。

「じゃあ、ベビーメタルのライブに付いて来るなら認めよう」

「ええっ、そんなんで好いのお」

「ああ、それで好いんや」

「うん、判った」

僕の場合は、一般的に、娘の結婚相手については、余程の問題を感じれば反対をすることもあろうが、そう簡単に反対など出来るものでもないと思っている。先でないと、良かったかそうでなかったかが判らない。（結果的に良かったなあ）ということを期待するだけなのだ。仕方がないし。

それで、この取引は双方にとって、悪いものではなかったと思われた。僕は、半年間、部屋でベビーメタルを聴いているだけには満足出来ず、家族に無理やりＤＶＤを視聴させたりしたが、ワイフも三人の娘も全く好きになりそうではなかった。それでも次女は一緒に行くとなってからは嫌な顔はしなかった。結婚についてとやかく言われなかったことの方がホッとしたようだ。

一年前の四月に二日連続の会員限定の「黒ミサ」と「赤ミサ」というライブが東京であったのはユーチューブの情報で知っていた。今回は、「白ミサ」という名称で統一しているが、一年前のものと同じコンセプトのものらしい。昨年は、男性の入場者は顔白粉かドーランで顔を真っ白に塗っておく義務付けがされていた。今年は、男女ともに白顔を義務付けられた。事もあろうに、初めがWEB会員限定のマニアックな雰囲気のライブとなった。

当日は、家族四人で名古屋に飛行機で飛んだ。大阪の長女家族と東京で会社員をしている三女は翌日の合流となった。名古屋駅前のホテルにチェックインして、直ぐに、次女と二人だけ予め次女が買っておいたドーランを顔に塗って目の周囲には黒いシャドウを付けて、怪しい顔付きにしておいた。二人ともネットで買い求めておいたベビーメタルのデザインの入ったTシャツを着用して、薄暮の街に向かってホテルを出発した。会場は歩いて十分もしない所にある「ゼップ名古屋」というこじんまりしたライブハウスだった。

ホテルを出ると直ぐに通行人に怪しまれるかなと気にしていたら、案外大抵の人は他人の顔など見ずに歩いているようだ。道すがら、次第に怪しい格好をした奴らが三々五々合流してきた。二十歳台から三十歳台くらいの男性が多かった。ワイフと義母も会場まで付いて来た。どんな変な所か知りたかったのだ。会場の所に着いて、既に行列を作っているところに加わって、家族でスナップを撮ってから、付いてきた二人は帰っていった。しばらく順番を待って、残った僕ら二人だけでライブハウスに入っていった。

僕には大きい会場でのライブの経験は二回だけある。松任谷由実とサイモン&ガーファンクルだった。しかし、こういう小さいライブハウスは初めてだった。全部、立ち見であることは予想していた。会場はほぼ満員だったが、観客席での混乱はなく、ライブ中も周囲の者同士は互いの立ち位置を尊重していた。入場者の中には若い男女のカップルがパラパラ見掛けられた。また、小さい女の子を連れた父親も視野の中では二組いた。子供は背が低いから舞台が見えるはずがない。そのうちの一組は、途中から父親が女の子を肩車して見せていたが、後ろに居る者も容認していた。もう一人の女の子は見えないながらにも、曲に合わせて踊り回っていたので、父親が無理やりに連れてきているものではなかった。外人のカップルの姿も見ることができた。

セットリスト（曲目）は、Babymetal Death／ヤバ／ドキドキモーニング／Catch me if you can／Sis. Anger／悪夢の輪舞曲／メタ太郎／シンコペーション／Karate／I.D.Z. の十曲だった。僕としては紅月と Road of Resistance と Iine（いいね）の三曲がなかったのが残念だった。前の曲が終わって会場が暗くなってしばらくしてから、やおらギターのイントロでドキドキモーニングが始まる時は爽快感が何とも言えなかった。この夜の良かった印象はこれくらいだった。ライブハウスの床が完全に水平だったので、中程より後方の僕にはベビーメタルのメンバーの誰もほとんど見えなかった。僅かにでも後方に向かって床の傾斜をつけておいて欲しいものだ。つまり、音を聴いているだけだった。次女は体の芯まで響いて来る大きい音で、気分が悪くなったと言っていた。それにも拘わらず、僕はこの夜の貴重な体験について、チケットを取ってくれた長女に感謝したいと思った。

この夜のスーメタルの高音域は、かなり低目に外れることが多かった。僕はもう既にスーメタル信者になっていたので、がっかりしたというより、今後のことが心配だった。僕は、非常に沢山のライブ動画を視聴してきたが、紅月で多少高音域が僅かに出し切れていないライブを聴いたことはあったが、スーメタルは常に音程を外さないと思っていた。この日は、彼女にすれば、信じ難いくらい音程外れをしていたので、ライブが過密過ぎて、声帯の調子が悪いのに違いがないと思った。アルバムで聴くと、メギツネにおける高音域はギリギリのところで頑張っているように聞こえるが、スレッドを読むと本人はやっぱり紅月が一番きついと言っているらしい。その紅月やメギツネがその日のセットリストになかったのが良かったとも思った。しかし、前日のセットリストにはこの二曲が入っていたので、どうだったのだろうと思った。

その後、いろんなライブでのスーメタルの音程を調べたら、ある程度は音程が狂うことはあることが判った。激しいダンスの舞台でのパフォーマンスでは当たり前だろう。逆に、アカペラであることが判るというものでもある。ソニスフェアでの舞台の時に、「I.D.Z.」の曲の途中で歌いだしをミスしたので、「あれだけ踊りまくっているのに、口パクじゃないんだ」と驚きとともに評価をしだしたというスレッドを見た。

その後、九月十九日の東京ドームのチケット抽選は外れてしまった。しかし、応募者数が非常に多かったことから、主催者が翌九月二十日に追加公演を開催することを決めたとのことだった。全て長女からの事後報告だったが、結局、追加の方で二枚のチケットが手に入った。これは、東京にいる三女を連れて行くことにした。彼女は次女と違い、もともとは抵抗少なく付いてきてくれると思っていた。三女は帰省した時に、ベビーメタルのライブ映像を無理やり鑑賞させたこともあった。ただ、お気に入りになることはなかった。いずれにしても、ベビーメタルのライブについては、三人の娘が全部協力してくれたので、この件については育て方が上手くいったと思った。

僕は、この頃にベビーメタルについてのものを書きたいという気持ちが湧いてきた。このプロジェクトの音楽性の素晴らしさを書き留めておきたいと思った。ネットではベビーメタルの周辺ジャンルにやたらと詳しい人たちの情報で溢れていた。僕は、この周辺ジャンルにはむしろ疎くて、逆に他のジャンルの音楽が人生に沁み込んだ過去を持っている。また、明治以後の日本語の威力に興味を持つ古稀の人間である。そういう僕には、書き手として、それなりのニッチがあるという気持ちになった。

たまたま、こういう気持ちになった時に、ネットでの宣伝から偶然知ったこととして、『BABYMETAL試論』という著作がこの年の七月に出版されるということだった。この本は、映像ディレクターから脚本家になっている五十歳台の小中千昭という人が書いたものだ。僕は、ネットで購入して目を通しておかないといけないと思った。

東京ドームの際に、僕にとって初めての四泊五日の長期の東京滞在をとった。ライブの前に、東京在住の二人の旧友に会うことになっていた。ＳＫ君は小学校からの友人で、ＯＭ君は高校の同級生だ。それと、この滞在の時に『ＢＡＢＹＭＥＴＡＬ試論』を読んでみようと思った。九月十八日の日曜日に皇居の周囲をジョギングした後で、北の丸公園に歩いて行った。このパターンは十年前の行動の反復だ。前回はこの公園の中にある可愛いオタマジャクシがうじゃうじゃ泳いでいる池の周りの芝生に坐って、僕なりの研究のことについて思索をしたのだった。今回はこの書物を読みながら考えてみようということにした。

この著作は、流石に、音楽やダンスについての専門的なバックグラウンドに基づく非常に細かい分析がしてあった。三百余頁に及ぶ大作だった。とても僕のような素人が読んで「そうだね」と判るような内容ではなかった。これは、必要な時の辞書代わりにでも利用しようと思った。

その夕方からと、翌日の午前からと、それぞれ二人の旧友と会食をしながら、昔話とともに、ベビーメタルのことの話もした。どちらの友人もベビーメタルのことなど知らなかったが、「真面目」に対応してくれて、著作のことについては、馬鹿にもせずに相槌や意見をもらった。

どちらも議論好きなので、久々に楽しいひと時を過ごすことができた。

特に、翌日の昼前から会ったOM君は、高校卒業以来の半世紀ぶりの再会で話が弾んだ。ベビーメタルのことも積極的に自分の意見を出してくれた。その結果、午前十一時から午後五時までの六時間もの間、新宿駅西口の近くの「シズラ」というビュッフェスタイルの店で居座って、何度も飲食物を補給しに行ったが、支払いは割り勘で二千円弱だった。店員もそういう状況であるのに愛想が終始良かった。「あの店は良かっただろう。僕のお気に入りなんだ」と彼は言った。

東京ドーム当日は、夕方、三女と東京駅で待ち合わせをした。彼女はギリギリまで品川に本社がある会社で仕事があったが、待ち合わせ時間の直前に構内放送があり、「只今、品川駅付近で人身事故があり、京浜東北線は運行中止になりました。東海道線も念のために運行中止としています」だった。「運が悪すぎるなあ、開演からはもう無理だなあ」と諦めた。しかし、山手線は走っていて、超混雑だったらしいが、少し遅れて東京駅にやって来た。そして、何とかギリギリ開演に間に合った。その夕方はかなりの雨降りで環境は悪かった。こういう自分が重要だと認識しているイベントでは、理想的には、開演の一時間以上前から会場の周辺をたむろして、エンジョイするべきだったのだろうとは後悔した。

この日は名古屋よりも外国人や女性の姿が多かった。僕たちは外野席だったのでステージからはかなり遠かったが、大きいデジタル映像がステージの上方を取り巻いていたので、そのイメージを中心に観ることになった。僕たちの前の席はちょうど自分たちとほぼ同じような組み合わせのカップルだった。やっぱり、親父が娘を連れてきたという雰囲気だったので、面白く感じた。

この夜（Black night）のセットリストは、Babymetal Death／あわだまフィーバー／ウキウキミッドナイト／メタ太郎／Sis. Anger／紅月／おねだり大作戦／No Rain, No Rainbow／ドキドキモーニング／メギツネ／ヘドバンギャー／I.D.Z. の十二曲だった。Red night のメニューは二枚目のＣＤの曲目が中心で、Black night のそれは一枚目のＣＤが中心となっている。僕は一枚目の方がより好きだったので好かった。この二回の公演のセットリストに重複はない。初めから二日連続の公演を予定していたのが真実だと思う。組み合わせの妙からしてそのように推測する。

東京ドームの二日間の公演の様子は、ＷＯＷＯＷでは十二月十八日と一月一日のゴールデンタイムにそれぞれ放映されるので、これを忘れないように視ることにした。十一月二十三日にリリースされた東京ドームでのＤＶＤはその翌日にアマゾンから届いた。そういうことで、テレビ放映とＤＶＤとの比較をすることができた。テレビ放送は、全十七曲のうちの十一曲しか入っていなかった。やはり、ＤＶＤを購入する意義があったことが判った。

さて、ゼップ名古屋と東京ドームでの二つのパターンのライブを体験したが、少なくともももう一回は行きたいと思っている。それは、小さいライブハウスで、ボーカル&ダンスを近くで観てみたいということだ。来年に機会があれば、長女に申し込みの手配をして欲しいと思った。

なお、この年も紅白歌合戦には出場しなかった。ネットでは、呼ばれなかった理由とか、辞退をしたのだとか、いろいろ書き込みがあった。出場して欲しかったとか、出場しなくて良かったとかの書き込みもあった。僕は、現在の立ち位置になっているこの番組に出なくて大変正解だと思っている。僕の小さい頃の紅白は実に国民的なイベントだった。子供であった僕もテレビの前で、「身なりを正して」視ようとしていたことを思い出す。現在ではその頃に比べると存在感が随分落ちている。僕は、この数十年は基本的には「紅白」は視ないことにしている。そもそも、ライブで勝負しているミュージシャンの多くについては、この番組は、本人たちにとっても観衆にとってもミスマッチになると思われている。

ところで、平成二十八年の暮れの時点で、僕がベビーメタルに出会ってから一年三カ月ほどになる。流石に毎晩遅くまでベビーメタルのＤＶＤやユーチューブを当たり続けるような生活ではなくなった。むしろ、この著作を書き始めた平成二十九年からのこの一年間は、ベビーメタルに関するユーチューブやＤＶＤをほとんど視なくなっている。視ると著作の流れが渦を巻いてしまって、進まないからだ。ただ、カーオーディオには「ベビーメタル」のアルバムのＣＤを入れていて、運転中に時々聴いている。

ところが、そういう最近の僕であっても、たまにＤＶＤを観るとたちまち初めてベビーメタルを知った頃の感動のレベルに引き戻されるのだ。そして、長らくリリースされていない、次の曲やアルバムを楽しみにしているところだ。

第Ⅲ部　ベビーメタル私論

1　はじめに

僕はユーチューブ・サーフィンをしているうちの平成二十七年九月頃に偶然にベビーメタルに行き当たった。出会った瞬間にその音楽とパフォーマンスの素晴らしさを認めた。その年の暮れまでの数カ月の間は、それまでの深みはないが多少は幅広い僕の音楽人生の中では経験しなかったような大興奮の時期だった。その状態は持続して、翌年には八月の地方ライブと九月の東京ドームのライブへも参加した。

この時点で、ベビーメタルは既に五年以上の活動をしており、海外でのファンも多く、内外の一般のポップスやロック系のミュージシャンというプロフェッショナルの多くから高い評価を受けていることも知った。ところが、国内一般の認知自体がほとんどない。僕も知らなかった。たとえ存在を認知している人たちがいても、その多くは、奇をてらったアイドル路線の一つとしてのっけから、実力を評価する対象にはしないのだった。僕は、立場も実力もわきまえずに、この素晴らしい芸術集団のことを知らしめないといけないと思った。そして、東京ドームライブの少し前の頃から、ベビーメタルについてのことを書き留めることをし始めた。そして、二十九年の年が明けた頃から書き始めて一年ほどで書き終わろうとしている。この最後の一年間は、敢えて、ベビーメタルのユーチューブにはもうほとんど訪れなくなった。そのために、書いている内容の大部分は二十八年までのことになる。

僕のひと頃の大興奮は収まったが、ベビーメタルに対する僕の評価は全然落ちていない。書物を書きながら新しい情報をどんどん入れると、まとまり切れなくなるような危惧を感じて、ユーチューブを視ないようにしている。

僕は、今、ベビーメタルに関しての書物を二冊持っている。一つ目は、小中千昭著『BABYMETAL試論』（アールズ出版）だ。アマゾンのPRで知って、平成二十八年八月二十六日初版のものを入手した。ベビーメタルのDVDを買った履歴があり、それで僕のメールにそういう情報が来たのだった。アマゾンから届いたのは、東京ドームでのライブの直前の九月中旬だった。

二つ目は、カネコシュウヘイ著『BABYMETAL追っかけ日記』（鉄人社）で、平成二十八年三月十二日初版のもので、こちらの方が先に出版されていたが、僕が知ったのは平成二十九年が明けてからだった。家に届いたのはその年の三月だった。この著者はライターの仕事をしているが、ベビーメタルのオタクになってしまっているということだ。この本を読むと臨場感も伝わり、大変面白い。

これらの二冊の本はパラパラと読んだが、どちらも、その筋の専門家のような人がベビーメタルに深くコミットしている内容ばかりで、読むのに大きいエネルギーが必要だし、こんなものを読むと素人の僕の書く気力が失せてしまいそうになる。読むのは今ではないということで、本棚にしばし並べて置くことにした。

実は、ユーチューブのサーフィンをしている僕にとっては、ネットに書き込まれている莫大な分量のコンテンツが貴重な情報となっている。ここにも、この二人に勝るとも劣らないようなレベルの高い書き込みができる人々が数知れないくらいいる。こういう仕組みの存在とそういうところに書き込んでくれる人たちに感謝したい。


僕は、青春時代や結婚前の青年時代といえる時は、テレビを観る機会があまりなかったので、アイドル歌手やアイドルグループのファンになったことはない。それでも大フィーバーを起こしたピンク・レディーは素晴らしい音楽性とエンターテインメント性があったので、非常に気に入っていた。

最近につながることをいえば、平成九年に結成されたモーニング娘はテレビへの露出が著しくなるようになってきて、僕も馴染みになった。平成十一年発表のヒット曲「LOVEマシーン」はユニークな展開の良い曲だったので、僕は大いに気に入っていた。その後の女性グループユニットの先鞭をつけたプロデューサーの鬼才「つんく」の大阪発ということからも、大阪出身の僕は応援していた。ただ、この曲以外はあまり知らない。

そして、平成十七年に結成されたAKB48も、秋元康の「素人路線」などのプロデュース方式（彼は、以前おニャン子クラブで、短期間であったが素人路線の成功体験を持っているし、数多くの実力派歌手の名曲の作詞も手掛けている、才能溢れたマルチな書き手であり、凄腕のプロデューサーだ）で驚異的な流行となったので、流石にテレビからよく目に入っていた。それでも、知っている曲は「フライングゲット」と「ヘビーローテーション」と他の一～二曲くらいしかない。我が家の三人の娘たちが巣立ってからは、若者ターゲットのテレビ番組は視なくなって久しい。パフュームも、ももいろクローバーZもチラっと見たことがあるだけで、彼女たちの曲はいまだに全然知らない。

そういう古稀に近い高齢のバイパッセンジャーがベビーメタルに出くわして、「長生きしておいてよかった」と嬉しくなったのだった。

音楽においては、もともと、文部省唱歌、古い歌謡曲、六〇年～八〇年代の内外のポップス、クラシック音楽などのジャンルの曲に愛着を持ってきていた。とはいっても、素人でただ好きなだけだ。こういうことにもかかわらす、ベビーメタルのことを、自分なりに書いておこうと思った。その原動力は、やはり「若者でさえ認知していない日本人が多いらしいが、僕はものすごく評価しておりますぞ」と喚きたいパッションだろうと思う。

「オタク」が書いたものより、「普通の庶民の高齢者」が書いたものの方が、普通の庶民へのメッセージ性が高いのではないか、とだけは宣伝しておこうと思う。しかし、家族からは、もう僕は立派なオタクになっていると思われている。

「ベビーメタル私論」は小中さんの『ＢＡＢＹＭＥＴＡＬ試論』のタイトルを流用した。ベビーメタルの世界では言葉遊びが日常茶飯事であるので、それに従った。

2　ベビーメタルとの出会いの頃

平成二十七年八月にユーチューブの動画でLADYBABYの「ニッポン饅頭」を見付けて、「これは素晴らしい」と何度も視聴したり、このユニットについてのネットサーフィンをしだした。これはサウンドよりも、歌詞が物凄く面白かったのと、二人の可愛い女の子が日本ならではの素晴らしい色調とデザインのコスチュームを着て、切れのあるダンスをしていたことが印象的だった。真ん中の外人の男性についてはコメントしないでおく。この中で、一番僕にインパクトを与えたのは歌詞だった。二人とも可愛いし、特に片方は本当に美形だったので、これは引力に多少の影響はあるだろう。しかし、今や、素晴らしく美形である女の子などは、いろんな他の媒体でいくらでも見ることができるので、可愛いだけで興味を持ち出したのではなかった。

丁度、僕は、日本語の輸出あるいは日本文化の輸出という観点のことに関心を持っていて、ユーチューブのネットサーフィンをしていた。その最中にたまたま出くわした「ニッポン饅頭」に拍手喝采をしたのだった。歌詞はまるで日本政府の観光庁が作ったような内容であった。いや、政府はこういう気の利いたことは残念ながらできるまい。「日本の女の子が可愛い」というのも、こういう意味では結構なことだ。外国人から見て、日本の女性は可愛いのが多いとか、いや不細工な方が多いとか、いろんな意見の書き込みがあるのだが、美人ではなくても可愛いのは多いだろうと僕は思う。

サウンドも歌唱力（デュエット）もこの一つの動画作品としてはかなりの水準であったのであろうと思う。とにかく、この作品は素晴らしかった。


このLADYBABYのユーチューブを追っているうちに、九月になってついにBABYMET-ALに出くわした。よく覚えていないのだが、最初は「ドキドキモーニング」のミュージック・ビデオ（ＭＶ）だったと思う。僕の場合は、「ギミチョコ」だけを最初に見て、「アタタタタータタタ」だったら、あまり興味を持たなかったのではないかと思う。「ドキドキモーニング」は、先ずイントロのギターで心を掴まれてしまった。はしだのりひことクライマックスの「花嫁」のイントロギターの鮮やかさを思い出した。この曲はメタルのサウンドなのだろうが、ポップス的な色彩が大きく、僕のようなものをすんなり引き付けたのだろう。

話のついでに書いておくと、ナツメロでは藤山一郎の「影を慕いて」と美空ひばりの「悲しい酒」におけるイントロのギター演奏は有名だ。ともに古賀政男の作曲になる。

この曲は、彼女たちがさくら学院の重音部に在籍中の平成二十二年の作品で、コスチュームも学園風のものだった。「動画が斬新で可愛いかった」「言葉遊びが面白かった」「ダンスがメリハリのついた格好良いものだった」が気に入ったと思う。スーメタルのボーカルの良さやバックサウンドの音質などの個別のことはあまり気付いていていなかったかもしれないが、音響全般として素晴らしかったと感じたのだと思う。

この頃、LADYBABYの「ニッポン饅頭」とBABYMETALの「ドキドキモーニング」の二作品のダンス・カバーのユーチューブ動画が非常に多かった。主にアジアや西欧の女の子たちがカバーしていた。「ドキドキモーニング」のダンス振り付けは真似をしたくなるほど格好が良かったのだ。僕は、今でもこの曲のライブの動画を見ることが多い。このダンスがとても気に入っている。

この一年ほどは、カーオーディオにはCDアルバム「BABYMETAL」を固定して入れている。そして、たまに、来生たかお、または淡谷のり子のCDに短期間入れ替えている。アルバム「METAL RESISTANCE」は家に置いてある。このCDしか世の中になかったら、これをカーオーディオで聴いていると思うが、一作目のアルバムの方が圧倒的に好きだから、今のところそうなっている。

「ドキドキモーニング」に引き続いて、「ヘドバンギャー!!」、「イジメ・ダメ・ゼッタイ（I. D. Z.）」、「メギツネ」そして「ギミチョコ」などのオフィシャルのMVを見たのだと思う。これらのMVを何度見ていても、ロックが喧しくて嫌いで通っていた僕は、このメタルのサウンドが喧しいとは感じずに、重厚であると感じていた。

そして、スーメタルのソロパートが多く出てくるうちに彼女の声が「なかなかのもの」であることに気付いた。そして、三人のダンスの動作のピッチはとても速く、踊りの動作に緩みのない、いわば体育会系のものだ。つまり、チアリーディングや体操競技における演技のような一所懸命さがあることに気付いた。ダンスのパターンが、曲目によってそれぞれ異なったユニークな振り付けとなっており、そのレベルは高いように感じた。

この時の彼女たちの年齢は、「ドキドキモーニング」の時で十一・十二歳、「ギミチョコ」の時で十四・十五歳だった。要するに、子供というだけで可愛いのだったから、特に美人とかそうでないとかを真面目に評価するところのものではないように思う。ただ、ステージに立つのであるから、不細工でない方が断然有利だ。そして、実際は、三人とも可愛かった。

3　ベビーメタルの楽曲

ここでは、これらの曲を視聴して僕が個人的に感じたり考えたりしたことを書きなぐってみたいと思う。

最初のＣＤアルバム（BABYMETAL）に収録された楽曲から触れていきたい。ＣＤ収録の順番ではなくて、僕が出会った順番に近い形で述べていきたい。

「ドキドキモーニング」は三人の幼い時のデビュー曲でもあり、僕が初めに出会ったものでもあり、特別に好きな曲だ。先ず、ＭＶの映像がシュールでアメージングだったし、最初からダンスがエレガントだった。最後の方の「リンリンリンリン」に合わせて上下肢を動かすところの振り付けもリズミカルで格好がよい。

歌詞の聞き取れない部分があったが、サウンドとして聴くことができたので問題はなかった。その後、ネットで調べて何を言っているのかが判ってきたが、「あっち、こっち、そっち、どっち、Which、ちょっち、Watch、今なん時」という韻を踏んだフレーズが面白く、続いてのフレーズも、「……キライ、キライ、……見たい、見たい、……期待、期待、……したい、

したい、っよね」との韻を踏んでいる。「日本語遊び」の志向が感じられて面白かった。最近の日本のラップ音楽でも、よく韻を踏んでいる。ラップこそテンポと言葉の遊びの音楽だから、その意味では当然だろう。

韻を踏むというのは日本語に限った訳でもなく、漢詩でも英語のポエムでも韻を踏むという作法はよく知られている。ビートルズの「Revolution」では、revolution、evolution、solution、contribution、constitution、institution という韻をイントネーションおよびアクセントのある部分で用いており、独特の雰囲気を醸し出すことに成功している。

日本語の場合は、多分、江戸時代の頃から、地口（じぐち）といって、駄洒落、語呂合わせ、とか韻を踏むというような世俗界の言葉遊びが盛んになり、それが芸能文化にも取り込まれていったようだ。こういう遊びはこの曲だけの特徴かと思いきや、その後の曲も「言葉遊び」にまみれていることが判った。

後半の「リンリンリン、………」のスーメタルによるボーカルが八回繰り返されるフレーズでは、最初の四回は「ドキドキモーニング」の歌詞で終わるが、その次の三回は、肩透かし感のサイレントとなっている。そして、最後に「ドキドキモーニング」が復活して、目出度くスッキリ感で終わる、という感じなのだ。ライブでは、ここの最後の部分の舞台では三人の女の子がサーッと舞台の前に並んで出てきて、きっちりと「お仕舞い」というパフォーマンスのメリハリ感で終わる。

この「肩透かし感」は作詞・作曲の一つのテクニックなのだろうと思う。来生たかおのCDアルバムに入っている「夢より遠くへ」という素敵な曲があるが、この曲に同じような感じの部分があり、僕はその部分を気に入っていた。

「ヘドバンギャー」のMVもまた斬新な動画で驚いた。僕にとっては、多少とも気持ち悪い映像の部分があった。このMVでは、普段の日常生活では「ポンコツ」といわれるすず香がステージの上に登場すると、「ヒロイン」とか「女神」とかいわれる存在感のあるスーメタルに変身する過程を、暗示しているように受け取られる。明示しているのかな。

この曲のライブでは、最後の方で「一五の夜を忘れはしない」の歌詞を繰り返すフレーズで、ダンスのユイ・モアが両手両足を左右いっぱいに広げて思いっきり飛び上がり続けること六回というところがある。見逃してしまうかもしれない単純な動作だが、僕は大変注目している。僕はこの場面を見ていていつも敬服している。体力を非常に消耗する動作に違いない。これこそ、ベビーメタルが披露する体育会系のパフォーマンスの最たるもののひとつだと思う。幼い時からこのような本気度いっぱいのステージで頑張っていることに感動している。

そして、この曲で、スーメタルのソロ歌唱の実力が明らかとなる。重厚なバックサウンドの中から通りの良い美声が響いてくる。音程も声音の強さも安定している。

なお、この曲の歌詞には、いくら頭を働かせまくっても意味不明な単語が散らばっている。

「18切符」「ドセン」「上手」「下手」「逆ダイ」「棚ダイ」「コロダイ」など。しかし、ネットでは、まことに親切な人が沢山おられて、ちゃんと用語の解説をしてくれている。ネットを見ると直ぐに分かるので、ここには書かないでおく。

「二五の夜（いちごのよる）」については、ネットに誰かが書いていたように、尾崎豊の同名の曲（じゅうごのよる）から引用したのかもしれない。しかし、僕は、スーメタルが十五歳になった時のライブの「ＬｅｇｅｎｄＤ」の生誕祭ライブでこの用語を用いていたから、僕はそのことを指していると思っている。ただ、この「ヘドバンギャー」の曲のリリース自身はそれよりも半年ほど前のことで、まだ十四歳の時点だった。平成二十九年十二月の広島アリーナでのライブでは、この部分を「二十歳の夜（はたちのよる）」と言い換えて歌っていた。これもネットなお、題名の「ヘドバンギャー」＝「ヘドバン」＋「バンギャー」だそうだ。これもネットで意味が判った。

「I.D.Z.」のＭＶは画面に汚らしい外人の男性が出てくるので、初めはあまり良い感じがしなかった。まあ、僕の感性もその程度のものだ。「いじめはやめよう」というようなコンテンツも、「一体何なんだ」というような印象を持った。最初はあまり観ることはなかった。

しかし、その後、この曲もスーメタルの美声がよく活躍する曲であることに気付いた。ライブの時は、スーメタルが前奏的なフレーズを「ルルルー……」のスキャトで鮮やかに奏で上げた直後に、ユイ・モアが両脇から中央に駈けてくるパフォーマンスがある。これも実に体育系の短距離走のごとくであり、シンプルだがユニークだ。この曲の中間部には重厚なサウンドが前面に出てくる部分があるが、このサウンドはすべての曲の中で最も高品質な一つだと思う。後の方で書いているが、今では、僕の選ぶ四曲のうちにこの曲を入れている。

「**メギツネ**」のMVを見て、最も印象深かったのは、和楽器を用いること、和服で日本の踊りを舞うこと（キツネのお面を被っている）、日本の踊りの際によく使う「ソレソレ」などの「合いの手」の言葉をこの曲のスクリーム（合いの手）に用いるなどのところだ。また、ユイ・モアが着物姿で、「おはじき」や「おじゃみ（お手玉）」の遊びをしている画面がある。僕の関心であるところの日本の言葉や文化を前面に出しているところが楽しい。僕の幼い頃は、こういう遊びを同年齢の女の子たちがまだ日常的にやっていた。この曲をよく知ろうとする外国人は、そのうちに、一昔前の日本の日常生活についての知識人になるだろう。

同様のことだが、詞の中に、「古の（いにしえの）」とか「幾千の時」とかの、最近では日本人でも日常に使わなくなった懐かしくて趣のある語句を用いているところを評価している。特に僕の関心を引くところが、「大和撫子」という名詞を「やまとなでしく」として副詞に変換して作詞していると思われるところだ。造語したのだ。スーっと出てきたアイデアなのか、苦し紛れに出てきたものなのか？　言葉遊びが興味深い。「美しい」（形容詞）→「美しく」（同、連用形）のように、「……く」が副詞機能への転換を感じさせることを利用したのだろう。なお、「ときめき」（名詞）→「ときめく」（動詞）のように「……く」は名詞から動詞への転換を示すこともある。同じ動詞の中においては、「ときめき（ときめい）」（連用形）→「ときめく」（連体形・終止形）という変化もある。いずれにしても、場合によっては、動詞機能を感じさせる語尾ともなる。

スーメタルが鞘に入っている短刀を抜いて「なめたらイカンゼヨ」と坂本龍馬なみの土佐弁で言うところも、遊びが過ぎるともいえるが、外国人には面白い場面だろう。

この曲で、ベビーメタルの神さまであるキツネ様というものが明示されたということだろう。

昨年の夏に、僕の高校時代の同級生のOM君に五十年ぶりに東京で再会した時に、ベビーメタルのことを紹介した。誠実な彼は、その後ユーチューブでいろんな曲をチェックし回ってくれたようだ。後でメールが届いて、「メギツネ」が一番好かったとあった。このメールに触発されて、「メギツネ」という曲の実力を見直した。

「**ギミチョコ**」のMVがユーチューブで公開されたことによって、ベビーメタルが世界中に知れ渡るようになったことはよく知られている。ライブではこの曲の時には、かなり盛り上がっていることを映像で見てよく知っている。僕は、決して嫌いではないが、物凄く気に入っているほどではない。この曲でも「チョ」という発音は、「チョコレート」「一寸」「超」の入り混じった言葉遊びをしている。

アミューズがユーチューブにアップする動画をこの「ギミチョコ」に決めたことには、その理由があって決めたことだ。多くの人を引き付ける確率の高い曲だと判断したのだろう。確かに、僕が最初から気に入っている「ドキドキモーニング」なら、あれだけの海外での拡散を引き起こさなかったかもしれない。


「いいね」のMVは最初の頃はあまり印象が強くなかった。しかし、ライブの映像やCDの音楽を視聴したりしているうちに、これは良い曲だと思うようになった。とにかく、サウンドが良い。イントロのリズムが最高だ。イントロⅠに引き続いてイントロⅡが流れて、その後で「チ・ク・タ・ク」というボーカルが入ってくる。僕は、イントロⅠに参ってしまっていて、この短いフレーズをもっと長くして欲しいと思うほどだ。テンポはアレグロよりも速い。イントロⅠだけでも勝負できる曲だと思う。主に、ギターとドラムスとキーボードの音が非常に速いリズムをたたいているそのサウンドが素晴らしい。東京ドームのDVDでも音響はよく録音されているが、CDに比べてキーボードが弱すぎるのが残念だ。やはり、CDの方が良い。イントロⅡになってからの速いメロディーも躍動感がある。

主要部分のバックサウンドもボーカルも非常に調子良くて、美しいメロディーが続くのだが、特に三人のダンスが素晴らしい。「ドキドキモーニング」も良かったが、それよりもパワーアップしている。このダンスは「ドキドキモーニング」とは違い、素人では真似しにくい。最もリズム感のある楽曲で、総体的なサウンドも見事だと思っている。僕の四つ選んだ曲の一つにこの曲を入れている。

一つ面白いのは、歌詞に「超絶過ぎるよ、完璧よ、女の子は」のところがあるが、ここは、しばしば「おんにゃのこ」と聞き取れる。これは、そう発音するように指示されているのではないかと思う。kawaiiの要素を表現しているのだと思うが、アイドル路線を否定しているはずなので、僕は「アレッ」と思った。単に中学生の女の子に相応しいだけのことなのだと自分を納得させている。

「**ウキウキミッドナイト**」は「ドキドキモーニング」と対比しているのだろう。この二つの曲や、「アニメをみたい」(この曲はカバー曲であり、二つのアルバムには含まれていない)、「いいね」、「あわだまフィーバー」のような感じの曲が今の僕はより好んでいる。

「ウキウキミッドナイト」の歌詞の中で、「マジ、アゲポよーで」というくだりがある。ネットを見てみても、この部の意味が判らない。調べているときに判ったことだが、外国人もかなり必死になって歌詞の意味を知ろうと奮闘している。グーグルの自動翻訳機能を利用して頑張っているようだ。そこで、「マジ、アゲポヨ」というところは、「seriously ageyoyo」となっており、やはり「アゲポヨ」はグーグルでも判るはずがない。ところが、「マジ」というのが

「seriously」とまあ正しい翻訳をしているので翻訳機能も進化しているのだなということだった。ただ、言葉のニュアンスは「seriously」では全然伝わらない。この曲の中でも、「キャワイイお菓子にしよう」というkawaii系の発音をさせている。

この書き物の完成間近の最近（平成二十九年十一月）、「今夜くらべてみました」というバラエティーTV番組が夕食時にたまたまついていた。その日はお笑いタレントの東野幸治が出演していて、高校生のギャル系モデルに声を掛けていた。その娘のタレント名は「レイポヨ」（怜菜）だったのだが、東野が間違って「アゲポヨ」と呼びかけたのだ。僕は、「オッ」と思って、初産の後に自宅に居候のようにしている次女に、「おい、アゲポヨって知っているか」と聞いた。「知っているよ、もう五～六年前に出てきた言葉と思う」。

次の日に、最近非常勤で勤務しだした病院の中年のUD婦長に「アゲポヨって、知っている？」と尋ねたら、彼女でさえも「知っていますよ」だった。娘さんの影響と思われる。要するに、テンションが上がっている状態のことらしく、「アゲアゲ」という言葉があるらしいが、ポヨーンとしたホンワカ感を付加するために「ポヨ」を語尾に付けるということだった。多くの若い日本人が知っている言葉だった。

ところで、このUDさんは、偶然にも彼女の夫が年甲斐もなくベビーメタルにはまっていて、あきれていたそうだ。僕が、堂々と「ベビーメタルは素晴らしい」と彼女に言ったので、夫に対する考えが多少違ってくるかもしれない。僕は、既にベビーメタルが好きだという還暦を越した男性を見付けている。ワイフが旧知の間柄のYRさんという人で、会社を定年退職して第二の人生を送っている。少し前に僕の自宅に彼を招待して、ベビーメタルのDVDを大きいディスプレイで一緒に鑑賞して楽しんだ。次回は、参加者を増やそうという話にしていた。

「かくれんぼ」。この曲の本当のタイトルは「Catch me if you can」。この横文字はレオナルド・ディカプリオとトム・ハンクスが共演した映画のタイトルから取ってきたのかなと思う。日本では平成十五年に封切られた。スマートな詐欺師のディカプリオが捜査官のハンクスから逃げまくっているストーリーだ。僕はこの映画を最近テレビで見たことがあり、面白かった。

歌詞の内容は「かくれんぼ」そのものだ。日本の「かくれんぼ」という子供の遊びを外国に紹介するデモ映像ということができる。「もういいかい」「まあだだよ」「鬼さんこちら」「手の鳴る方へ」という囃子言葉が紹介されている。現在、この曲を外国でライブすると、観衆が合いの手で「まーだだよ」と合唱している。「ドキドキモーニング」では「今、何時？」を外国の人が合いの手に入れる。これを以て、僕は、僕の定義での「ベビーメタル現象」が進行していると思っている。

僕は、最後の「赤い靴、履いちゃダメ、デンジャラスだもん」という歌詞に最初から引っ掛かっていた。僕の記憶の中の二つのことに直ぐに関連付けられたからだ。最近、ネットの書き込みで見ると、アンデルセンの童話の「赤い靴」のことだろうと書いてあった（あれ、そうだったのか)。

僕の場合は、先ず一つには、「赤い靴はいてた女の子、異人さんにつれられて行っちゃった」「横浜の埠頭から、汽船(ふね)に乗って……」という有名な童謡「赤い靴」がある。このことは同じ書き込みで二番目の候補に入れてあったが、「これは、別に危険だという話ではない筋書きなので、やはりアンデルセンの方だろう」とあった。そうかもしれないが、今まで述べてきたタイトルの引用の実例からも、別に意味を真剣に吟味して言葉を選んでいるわけでもないので、どうだか分からないと思った。

なお、この「赤い靴」の歌詞は、野口雨情が、事情により手放さずにはいられなかった子供に対する思いについて、その子供の父親である友人から聞いた話に基づいて詩に綴ったものだった。明治後年の話だ。本居長世という人がこれに曲をつけて童謡にした。「異人」さんというのは、当時三歳の「きみちゃん」を養女として引き取ることにしたキリスト教の宣教師のことだ。両親は過酷な北海道の平民農場という開拓の生活に入ることになり、子供をその生活に連れていけなくなったのだった。確かに、これは善意の話であって、危険な話ではなかった。

なお、きみちゃんは、その後、小児結核になったので、宣教師が米国に帰国するときには連れて行くことができなかった。そして、九歳の時に東京の麻布十番にあるキリスト教の系列孤児院で病死したというかわいそうな話だった。この消息は、昭和五十四年になって、北海道テレビの記者が「もし生きていたら会いたい」という義妹の投書を契機による取材をした結果、明らかになったとされている。ところで、両親も作詞者の野口雨情も、その後の病気のことは知らなかったようなので、きみちゃんは横浜の波止場から米国に渡って幸福に暮らしていると思っていたようだ。そういう経緯から、横浜・山下公園と麻布十番にきみちゃんの記念像が作ってあるとのことだ。

しかし、この記事は関係者や記者の捏造だという意見もあるという。いずれにせよ、当時のイデオロギーの力学が影を落としているようだ。詳しく書き過ぎてしまった。

僕には、もう一つの候補がある。それは、昭和二十五年にリリースされた「赤い靴のタンゴ」という歌謡曲のことだ。これは藤山一郎とのデュエットで戦後最高のヒット曲とされた「青い山脈」を歌った美人歌手の奈良光江のヒット曲だ。この「赤い靴のタンゴ」は子供の頃から僕の好きな歌だった。この曲の歌詞は赤い靴を履いた顛末をだらだら書いているというものなので、ここに書くには長過ぎる。要するに、「初心だった乙女が赤い靴を履いてからというものは、恋の苦しさを知ってしまった」といって嘆いているものだ。作詞は西條八十、作曲は古賀政男というビッグネーム。そうすると、一応、年齢的にベビーメタルの中高生の身に係る歌詞ではなさそうだ。しかし、絶対に違うとも言えない。

ところが、今回、さらに調べたところ、この歌謡曲は、有名な英国の映画「赤い靴」の日本公開を記念して作られた曲だそうだ。その映画はアンデルセンの「赤い靴」の童話をモチーフに、若いバレリーナの葛藤を描いたものだった。

真実は作詞のEdometalに尋ねないと判らない。「異人さんに連れられて」の方が僕のイメージ的には嵌る。十三歳頃のユイ・モアのイメージならば、「異人さんに」の方かなとも思われる。例えば、「ニッポン饅頭」の金子理江か黒宮れいが真ん中の偉人さんのレディビアードに連れて行かれるのを想像するとデンジャラスな予感がする。

「赤い靴」だけで、無理やりややこしいことを書きなぐってしまったが、我に返ると、アンデルセンの危険な赤い靴で決まりだというのが、僕の最終結論だ。ある赤い靴を履いたばっかりに、脱げなくなっただけでなく足が勝手に踊り続けてしまうようになったという恐ろしい話だった。ベビーメタルは「赤い靴を履いちゃダメ」「危険だもん」と言っているのだった。

この「かくれんぼ」をウェンブリー・アリーナでライブをした時の映像をＤＶＤで視ると、実に圧巻だ。会場の前方に数個ある大型のスクリーンにも映像が映っているのだが、この映像がＤＶＤにも映っている。三人の「女の子」のシンクロナイズされた踊りの様子が、薄赤色の無地の背景に黒色のシルエットとして映されているのだ。まるでおとぎ話の世界にいるような映像効果で、見事な演出だった。しかも、この踊りにおける「下肢の動かし方に綿密な計算」があってこその成果と思われる。そういう動きなのだ。ＭＩＫＩＫＯの演出ということだろう。ＭＩＫＩＫＯは人間の関節の動きを徹底的に研究しているに違いないと思う。

ユイメタルとモアメタルの二人だけのボーカルでパフォーマンスする場合に「ブラック・ベ

ビーメタル（ブラックメタル）」という名称を付けている。最初のCDには「おねだり大作戦」と「4の歌」の二つがある。僕は、どうしても**「おねだり大作戦」**が好きになれない。その一番の理由は歌詞の内容だ。僕は、セカンドアルバムに収録されている「Sis Anger」よりも「おねだり大作戦」の方が、「柄が悪い」と思ってしまう。道徳的に。作詞者はそこを面白く狙っているので、僕もそこはよく理解できている。しかし、親父や爺さんの立場になっている僕としては、面白い話とも限らない。包容力のある人物なら「いやいや、そこが可愛いのだ」と言うのだろう。

「4の歌」も、最初は素晴らしい曲とは思えなかった。やはり、スーメタルがいないと充実感が損なわれる感じもした。歌詞もどう評価して好いやらという感じだった。ところが、半年くらい経った頃からかなり気に入ってきた。イントロから始まる単純だが良質のリズムが全曲を支配する感覚が判ってきてからだと思われる。この曲の「ダンダンダダダ、ダダッ、ダン」というのは、日本人がよく両手で囃子音を出すあの「チャンチャンチャチャチャ、チャチャチャッ、チャン」の馴染みのあるリズムと同じようだ。このまさしく単調なリズムに振りつけられているダンスがこのリズムを出している音声の歯切れのよい迫力をさらに増幅している。人差し指を顔の前に当てて、頭部と一緒にリズムを刻むダンスのことだ。一番迫力のあるリズムダンス演技と言いたい。今のところ、この曲はブラック・ベビーメタルの一番の曲だと思っている。

ただ、この日本独特だと僕が思っていたリズムは、西欧の人たちも日常的に使っていることを何かのネットの動画で最近見てしまった。

単調なリズムが曲全体を支配する、ということで有名なのはラベル作曲の「ボレロ」で、これはこの点で最も有名なクラシック曲だろう。僕にとってもう一つ印象深いリズムは、ベートーベン交響曲第七番の第二楽章だ。これは「ダンダダダンダン、ダンダダダン」だった。これは不滅のアレグレットと言われる緩徐な曲だ。

この「Song four」という曲は、モアメタルとユイメタルの作詞となっている。少なくとも、歌詞のコンセプトをこの二人が考え出したのだろう。この曲を聞いた外国人は、「よん」「シー」「フォー」というのが日本では同じ数字を指すことを知ることになる。「よん」は、もともとは倭ことばの「ひー、ふー、みー、よー」の「よー」だ。この、「ひー、ふー、みー、よー」の掛け声は、セカンドアルバムにある「あわだまフィーバー」で使っており、外国人がライブでこの合いの手を合唱している。

ところで、ライブでは、「いいね」の曲の途中で観衆に合いの手を求める際に、「よん」「よん」「よん」の後に「say four」という煽りの言葉を発するのは何故なんだろう。ベビーメタルにとって「4」とは何なのだろう？

「Babymetal Death」という曲は、最近はライブの最初の曲として用いられることが多いし、そういう「機能」の曲として上手く作曲されたと思う。この曲のタイトルは要するに「ベビーメタルです」という自己紹介であることは後で判った。「death」というのは「です」の当て字だ。メタルのようなジャンルでは、death voice とか死化粧・死装束などの変質的な表現が好まれてきたので、それに従っているのだろう。この曲では、実際に、バックサウンドでドスの利いたデスボイスが特に目立って流れている。僕は、デスボイスは好きではない。この曲は、ライブのオープニングに際しては、確かに盛り上がって、適切な曲だと認めるが、僕はＣＤではあまり聞かない。僕には喧しいのが先に立つ。ただ、この曲の前半部は楽器と合唱の音響が感動的だと感じている。

最初のＣＤには「紅月‐アカツキ‐」と「悪夢の輪舞曲」との二曲のスーメタルのソロ曲が入っている。「紅月」の素晴らしさは「紅月が一番好きだ」というサポーターがかなりいるということを書けば十分だろう。僕も、スーメタルのソロ曲としては一押しだ。この曲は、確かにスーメタルの歌唱を聞きながら引き込まれていくクオリティがある。

ステージにおいては、ずっと前で歌っていたスーメタルが「……守り続けてゆく」と歌った後で後ろに引き下がり、神バンドが入れ替わって四十小節ほど前面に出てくるが、ここのサウンドは重厚さを含んだ美しいメロディーで、全ての曲の中でも最高の一つの部分だと思う。

ベビーメタルの曲は、ソロボーカルをバックサウンドが盛り立てているという風にも捉えることができるが、実はボーカルとインスツルメンタルとが共同主役であることが、この曲で良く判る。バロック時代の合奏協奏曲と古典時代以後の協奏曲と、それぞれ一部異質であり、一部共通の要素があるように思える。

そして、スーメタルが「過ぎてゆく時の中、瞳を閉じたまま……」からまた前面に現れてボーカルを再開するのだが、十六小節後に至って、「……絆をー」と高音で歌い上げた直後の四小節は再びインスツルメンタルだけとなり、さらに盛り上げる。この短い部分のサウンドが質的にも物理的にも心身を揺さぶる音響だ。その結果、身体と精神のハートが同時に共鳴して胸が揺すぶられ出したところで、スーメタルが「静寂の中で……」と急にソロボーカルの部分に変換するに至り、ここで感動の極に達する、というのが僕の場合の鑑賞実態だ。この曲は、それ故、僕の選んだ四曲の一つに入っている。

「悪夢の輪舞曲」はボーカル＆パフォーマーとしては相当難しい曲ではないかと思う。最初から、ボーカルはシンコペーションのリズムが続くような難解なリズムなので、よくサーっと前奏の最中の正しいタイミングで入ってくるものだと感心している。前奏のインスツルメンタルもドラムスを筆頭に超ややこしそうなリズムだが、スーメタルが歌いだすところは、三拍子リズムの三拍目の冒頭からで、その刹那はインスツルメンタルが十六分休止を取っていて、ボーカルだけが聞こえるタイミングだ。難しい。この間の踊りも、容赦のないＭＩＫＩＯの振り付けであるから難しいのではないかと思うのだが、サラーと踊っているのに感心している。シンコペーションといえば、「いいね」で、特に「とりまモッシュッシュ」の面白い振り付けから「少しずつなんて無理」という短い部分のダンスもシンコペーション的なリズムがアクセントになって、面白い振り付けになっている。

「紅月」のステージにおけるスーメタルの姿はボーカルのヒロインの象徴だ。サポーターがボーカルのクイーンと称している。「悪夢の輪舞曲」ではサターンにもなりうることを予感させる。

CDを聞くと「メギツネ」の時の高音の発声が一番きつそうだと感じる。高音の語尾に「ひーっ」という声音が聞き取れる。しかし、「高音が一番厳しい曲は『紅月』だ」とスーメタル自身が言っているという書き込みを見たことがある。調べてみると、「紅月」や「悪魔の輪舞曲」では最も高いのがDで「メギツネ」はDフラットだから、この三曲とも同じようなものだった。作曲者もこの辺の音を最高になるように考慮して作曲しているのだろう。ただ、その後の二枚目のアルバムに入っている「Tales of The Destinies」ではもう少し高いFシャープの音が使われている。これはスーメタルのさらなる進歩を示しているのだろうか。

ライブでは、多くの曲の中で、ブラック・ベビーメタルの曲が一～二曲入り、スーメタルのソロボーカルの曲が一～二曲入っている。これは、三人の休息を上手に入れることができて、その意味でも上手なやり方だ。しかし、神バンドはほぼ休みなしだ。

次に、二枚目のCDアルバム（METAL RESISTANCE）に含まれている曲について触れることにしよう。このアルバムは、曲想において、よりメタル色が強くなっている。

実は、僕はこれほどベビーメタルが好きなのに、このアルバムの曲はまだ一寸しか聴いていない。ファーストアルバムの素晴らしさに、まだ全然飽きていないから、それが理由でセカンドアルバムをほとんど聴いていない。そして、たまにセカンドアルバムを聴こうとすると、やっぱりファーストアルバムの方が僕には良いなあと思ってしまう。

それでも、このアルバムに含まれている十二曲のうちの十曲は何度か聴いたり視たりして、その素晴らしさを知っている。

「Road of Resistance（R.O.R.）」は大好きだ。一番目のアルバムにも「おまけ」として収録されているのでよく聴いたし、ライブの動画でも何度も視聴した。四つ選んだ曲の中に入れている。

先ず、この曲のイントロの部分で、三人娘が低い姿勢での超高速のその場両足ステッピングを続けるところから本格的な演技が始まる。ライブではこれを合図に観衆のモッシュが繰り広げられる。「I.D.Z.」で、ユイ・モアのランニング・スタートを合図にモッシュが始まるのと同じだ。この「R.O.R.」における高速ステップの時の曲のテンポは最も速いプレストに相当している（実際に、四分音符が一分間に二〇五という信じ難い指示がある）。ギターは十六分音符が基本で、一分間に最速八二〇回の指さばきという驚きの速さが要求される計算だ。本当なのか？　彼女たちのステップは多分八分音符に相当する刻みであるようだ。とすると、計算上一秒間に七回弱のステップになっている。本当なのか？　交互のステップなら驚かないが、両脚揃えての連続ステッピングをこの速さで要求することはさすがに問題のように感じてしまう。この動作の性質上、自律神経やひいては内分泌の調子が狂ってこないか一寸気になってしまう。今後はこの部分のダンスは少し誤魔化した方がよいように思う。

この重労働を多分十五秒ほど続けた後でさらにダンスを続けた挙句に、スーメタルの「東の空を……」というボーカルが入ってくる。こんな滅茶苦茶なしんどいダンスの後のこの部分も「口パクなし」を貫徹しているのであれば驚きだ。多くの一流ミュージシャンのライブでは少なくとも「部分口パク」はむしろ常識のようだし、本当はどうなのだろう。

とにかく、この曲は長いイントロの後で、やっとスーメタルの「東の空を……」のボーカルが入ってくる。そして「……僕らのレジスタンス」の後は、また圧巻のリズミカルなインスツルメンタル部分が取って代わる（この後は、wow、wow のコーラスが重なったりしてくる）。その後もこういう交互のパターンの繰り返しとなっている。曲としてはそうなのだが、ベビーメタルのステージにあっては、インスツルメンタルだけの部分では、激しいダンスのパフォーマンスが行われているので、休息はほとんどない。交互のサウンドはともに音響もメロディーもリズムも素晴らしいが、ダンスの方も素早く切れが良い。

そして、またスーメタルの「命が続く限り……」というボーカルが主役にとって代わる。そのまま、二回目の「レジスタンス、レジスタンス」と連呼した後は、歌詞が一回目の「wow、wow、……」ではなくなり、「Stand up and shout」と叫ぶ場面がやってくる。このスーメタルが「シャウト」と叫ぶ瞬間が、この曲の情動のピークとなる構造だ。

話は大きく逸れるが、ナルコレプシーという神経精神科が扱う疾病がある。大きい情動が心に生じると脱力発作を起こして一時的に意識を失くすという奇病で、必ず教科書で習う有名なものだ。しかし、実は、これは非常に稀な病気だ。

僕は、十五年位前に医師会の忘年会で精神科病院のＫＧ先生と隣り合わせの席になったことがあった。僕は会話のネタとして、以前から興味を持っていたナルコレプシーについて話題を提供した。一時期、「僕はナルコレプシーなのではないか?」と疑ったことがあったからだ。そして、僕は、この非常に珍しい疾患が持病であるらしい方を知っている。義父の友人でしょっちゅう義父の自宅に遊びにきて暇つぶしをされていた。この方からは常から眠たそうな印象を受けたのだが、しばしば急に眠ってしまうことがあった。

僕よりも年配のそのＫＧ先生は「普通は精神科の医者も一生に一度も出会わない者の方が大多数なんですが、私は何故か数人も扱ったことがあるんですよ」と語ってくれた。その患者の一人は、「水戸黄門」という超有名なテレビの連続ドラマが大好物だったが、ドラマの最後の盛り上がり場面で、格さんが葵の紋の印籠をかざしながら「この印籠が目に入らぬか」と発言した途端に、「待ってました」とばかりに、その人の興奮がピークに達してしまい、その瞬間に意識を失って倒れ込むらしい。僕は、その患者さんには失礼ながら、こんな面白い話を聞いたことがなかったので、墓場にまで持って行こうと思うほどだ。僕がもしこの病気だったならば、この「シャウト」で脱力発作を起こすことは必至だ。

余談だが、我が国の時代劇ドラマも時代考証が案外ひどいらしい。「水戸黄門」や「座頭市」は典型的な勧善懲悪の筋書きだが、実は、江戸時代は日本の歴史上でも非常に治安が良くて、かつ、犯罪は極めて稀で、悪代官とそれと手を組んだ任侠まがいの十手者などがあちこちの地域で自由勝手に悪事をなしていたというようなことが一般的だったことは事実ではなかったらしい。明治維新がそれなりに成就できたのは、江戸時代の民生と民度が高かったことに拠るところが大きいらしい。あのような展開の演劇やドラマが一～二世紀も主流として続いているので、近世や現代の歴史認識への判断力は大いに損なわれている可能性がある。そもそも、明治新政府が前政権の江戸幕府を否定する目的で歴史を塗りかえたのに違いないと思う。古事記も日本書紀も編纂した政権の都合の良い歴史書となっている。

話を元に戻すと、僕は、ベビーメタルの曲を幸せな気分で聴いたり視たりしているだけだが、この「R.O.R.」の曲と、先ほど述べた「紅月」の曲の二曲は、僕の情動を揺さぶるような盛り上がりの部分があるということだ。しかし、「紅月」の場合は脱力発作を誘発するような情動とは少し質が違うように思う。

「The One」は「R.O.R.」と同様にベビーメタルのコンセプトに基づいて作曲されたものだろう。壮大な音響でもって視聴者の心をずっと引っ張り続けようとしている。特に、この曲は「テーマ曲」という位置付けになるのかなと思っている。日本語のバージョンもあるが、アルバムにおいても、東京ドームでのライブにおいても、スーメタルが英語で歌唱している。スーメタルは英会話が大変上達しているようだが、「The One」における英語の発音は、一つにはネイティブな発音には多少の距離はあるし、一つには歌いにくそうに歌っている印象を受ける。

英語の歌唱では、大体は一つの音符に一つの「言葉」(word)が充てられているが、日本語の場合では、大体は一つの音符に一つの「音」(仮名)が充てられるのが基本であり、しかも、その「音」には大抵は母音が含まれている。つまり、日本語での歌唱と英語での歌唱とでは、音響が質的に異なってくるのである。少なくとも今までのベビーメタルの楽曲はそういう特質のある日本語での歌唱で音響的に成功してきた。

ベビーメタルの音楽においては、ボーカルも絶対音楽的な音響の一つとしての役割が実際上で大きいのであるから、日本語中心でやっていくことが好いと思われる。

日本でもお馴染みの、長らく日本を音楽活動の拠点にしている世界的なメタルのギタリストのマーティ・フリードマンも、「世界を席巻するためにも、日本語でのボーカルを貫徹すること を勧める」とベビーメタルとの対談で語っている。

僕は、この書物を書いているうちに、ビートルズが素晴らしいのは、やはり音響が優れているのだと気付くようになったが、楽器だけではなく、英語で歌うマッカートニーとレノンの歌唱の音響も比類のない素晴らしさだということにも気付いた。ビートルズは英語のボーカル前提の楽曲を作詞作曲するので、ベビーメタルとは曲質の異なる優れた楽曲ができている。

「R.O.R.」の曲はしばしば、ライブのオープニングの曲か、またはエンディングの曲に選択される。「I.D.Z.」も同様の選択がなされることが多い。この二曲は「景気の良い」ところがある曲で存在感が大きいのだと思う。オープニングに限ると、「Babymetal Death」がかなり多くなってきているのは、この曲が「自己紹介の曲」だから自然の成り行きだろう。「The One」はエンディングに用いられる場合が増えてくるかもしれない。過去においては、「メギツネ」がオープニングに「ヘドバンギャー」がエンディングに用いられたことがあった。

オープニングとかエンディングとかにはそれなりの格のある曲が選ばれるということだが、「Babymetal Death」「R.O.R.」「The One」の三曲は選ばれそうな気がするような曲想でもあり、そういうことに相応しいサウンドスケールでもある。そういう中で、「I.D.Z.」のような曲想の曲が高頻度にオープニングやエンディングに選ばれていることは注目に値する。僕自身が非常に気に入っているので、嬉しく思っている。

「Babymetal Death」や「The One」はライブで演奏されると、本当に素晴らしいことを実感するが、ＣＤで聴くときは繰り返しが多いこともあり、喧しいと思うことがある。しかし、「R.O.R.」については、ＣＤでも喧しいと感じることはない。

ところで、シンガー・ソングライターでニューミュージック界のレジェンドの松任谷由実のライブでは、「Destiny」という曲が高頻度でエンディングに選ばれていることを、三十年くらい前にワイフから教えてもらったことがあった。ネットで調べてみると、現在でもそういうことであることが判った。僕が唯一回、ワイフと大阪城ホールに出かけたユーミンのライブでも「Destiny」だったと思う。僕の大好きなこの曲はもちろん有名な曲ではあるが、代表曲というようなものではないと思う。彼女が何故この曲をいつもエンディングに選ぶのかの本当の理由は知らないが、ライブのＤＶＤを視たりすると、エンディングにピッタリだと納得できる。会場を去る時にも調子の良いリズムが身体の中に残っていて、ハッピー感を持ち帰ることができるほど「景気がよい」曲だ。内容からすれば失恋の方の曲だが、吹っ切れた感もあるところは明るさがある。

「Karate」は平成二十八年四月一日のセカンドアルバムの発売と四月二日のウェンブリー・アリーナでのライブの少し前の三月にリリースされた曲で、その時の目玉の一つだったと思われる。ベビーメタルは、テレビ朝日の四月二十二日の「ミュージックステーション」に久々に二回目の出演をして、この曲を披露した。この番組には、きゃりーぱみゅぱみゅの他に秋元康グループの欅坂46が出演していた。僕は、この番組を観ることができた。特に、スーメタルの歌唱力と存在感、三人娘のキレキレのダンス、それに神バンドの重厚サウンドで、迫力の凄さを示していたと思う。それまでベビーメタルのことを知らなかった一般家庭の視聴者からも、そういう感想の書き込みが多くみられた。また、幼い方の二人の可愛さについての書き込みも多かった。

なお、それより二年前の昭和二十六年二月の「ミュージックステーション」に初出場して「I.D.Z.」を披露した時にも、茶の間にインパクトを与えたようだが、この時はＡＫＢ48も出演していた。僕は、この番組は視ていないし、この頃はベビーメタルの存在も知らなかった。

この「カラテ」という曲は、特に外国からの注目度が高かったと推測できる。それなりのレベルの曲だと思うし、空手ということがキャッチーだと思われる。この曲のＭＶはベビーメタルのオフィシャルサイトにおいて公開されている。すぐさま、世界最大の米プロレス団体（WWE）が、この曲を六月に開催される試合のテーマソングに決めたとの報道を知った。一回きりだとは思うが。東京オリンピックに空手の種目が採用されたので、何らかの形でこの曲が利用されたら好いのになあと僕は思う。

「あわだまフィーバー」は一番目のアルバムの中に沢山入っているようなkawaiiタイプの曲で、僕は大変好きだ。kawaiiが好きというより、こういう曲はメロディーが美的だし、生理的に受け入れやすいように出来ている。

こういう同じようなタイプの曲を概観して気付くことがある。MVやDVDで視聴すると、それぞれの曲における振り付けがバラエティーに富んでおり、どれも素晴らしい。つまり、作詞作曲も音響もボーカルも素晴らしいが、このダンスの振り付けは素晴らしい。その素晴らしさは、試みにミュートにしてビデオを視れば確認できる。すると、ダンスの振り付けも、それを実践する三人も素晴らしいが、その三人の容姿がやっぱり可愛いくて、素晴らしいと思う。

しかし、このとても可愛いという長所が認められることは、こういうプロフェッショナルでレベルの高いパフォーマンスを見せていることが必要条件のように思われる。いくら可愛いくても、下手糞なボーカルや、切れの悪い踊りしか披露できないのであれば、そういう評価も得られないだろう。美人と言われた歌手やスポーツ選手が、役者に転身しても、多くの者はその輝きを早晩になくしてしまうのがオチのようだ。自分の持ち場で精進して、素晴らしいパフォーマンスを見せている時にこそ、美しさが倍増するのだと思う。

この「あわだまフィーバー」の曲の中で、掛け声が繰り返し続く部分がある。「one、two、three、four」×2、「イチ、ニー、サン、シー」×2、「ひー、ふー、みー、よー」×2。アミューズ、コバメタル、あるいは作詞者がベビーメタルを世界に打って出させているのに、最近は日本人でも用いない倭ことばの数字を引っ張り出してくるところが好きだ。英国のウェンブリー・アリーナでも観客がこの掛け声を仕向けられて、外国の人たちが「ひー、ふー、みー、よー」とやってくれるのを見ると、ようやくこういう時代がやってきたのかという感慨を覚える。僕たちが二十歳前後の若者の時は、意味が半分判らないままレコードに合わせて、英語の歌詞を歌ったり叫んだりしていたものだった。僕の言うところの「ベビーメタル現象」という言葉は、端的にいえば、こういう逆転現象を指している。

「YAVA」のダンスの振り付けは、本当にユニークだ。面白くて、そしてやはり素晴らしい。この曲のDVDでもミュートで視てみても楽しめる。ところで、スーメタルが「気になっちゃって、どうしよう」という部分で、膝を伸ばしたまま両下肢をピョンピョン跳ねながら発声しているが、本当にアカペラなのかと気になるほど、声が狂わない。もともと、この三人娘が激しいダンスしながらボーカルをこなしていることに敬服していた。しかし、この「ヤバ」のこの部分でのスーメタルの発声については、本当に驚いている。

「**メタ太郎**」はスーメタルが好きな曲だと語っている。昔の感じがする曲想も気にいっているが、他の曲に比べて、三人のユニゾンで合唱するところが多いので、ボーカルの音質が柔らかくなって良かったと言っていた。ユーチューブでのインタビューでの一コマである。ユイメタルとモアメタルがそれぞれ、短いけれども、ソロ部分を担っているのも良かったと、僕は思う。今後、こういう試みを増やす時期だと思う。二人の彼女たちもボイストレーニングを受けて、少しずつ歌唱力が向上しているのではないかと思う。

僕はこの曲は音楽としては普通に好きかなという程度だ。ただ、音楽の雰囲気が僕にも面白い。僕にも、というのは、多分、作曲者たちもそれを狙っているような気がするからだ。最初の主題の「メタ太郎、メタ太郎、君はヒーローさ……」という三人のユニゾンが終わってからのインスツルメンタルの音のことだ。旋律はシンセサイザーで奏でられていると思うが、どうもアコーディオンの音と思う。アコーディオンといえば、昔懐かしい風情が醸し出されてくる。この曲のリズムとこの手風琴の音色を聞いているうちに、実際には経験はないのだが、戦前の日本のどこかの広い空き地に、子供向けの興行の一座がやってきて、「さあ、今から始まるよ」という感じなのだ。

木下サーカスは子供の頃に近場にやってきたことがあったが、家が貧乏でもあったので、僕は観に行ったことはない。ただ、「見世物小屋」という催しが、縁日に神社の境内にやってきて、それを眺めていたという記憶がある。その小屋の前では、「親の因果が子に移り……」という口上を発しながら客引きをしている映像が脳裏に残っている。そして、可愛い女の子の上半身と蛇の尾っぽだけが外から見えるようになっているのだった。人魚の蛇版である。これが本当ならびっくり仰天だ。ところが、中に入って実演を観ている観衆の様子も外から見えるのだった。そうすると、その視線は全くこの娘の方には向いていないのだ。中では、それなりの別の実演があるのである。それで、その頃の僕のような小学校に入るか入らないかの年齢の者であっても、「あの女の子は、実は、普通の子供だ」と気が付いてしまった。

こういう感じとは矛盾するのかしないのか不明だが、メタ太郎の振り付けを見ているうちに、「大阪名物くいだおれ」の「くいだおれ太郎」の姿がどうしても浮かんでくるのだった。しかし、本当のところはオモチャの兵隊さんが太鼓を叩きながら行進してくるところなのかもしれない。

とにかく、この曲のお蔭で、懐かしい記憶に再会することができる。最初に書いたスーメタルの感想も、直感でこのような、実際は体験したことはないのだが、昔の日本のなんだか懐かしい雰囲気を感じているのかなと推察している。

二枚目のアルバムにも二つの「ブラック・ベビーメタル」による曲がある。「GJ」と「Sis. Anger」だ。「GJ」というのはgood jobという意味だろう。「Sis. Anger」とはangry sistersという意味なのかな。どちらの曲も「Song Four」と同じく、僕は気に入っている。特に、「Sis. Anger」の場合、この日本語を英語などに翻訳できた外国の人たちが、その意味を知った時の反応が面白いだろうと思う。しかし、こういう滅茶苦茶に柄が悪い若者言葉のニュアンスは伝わるのだろうか。「ウキウキミッドナイト」の「まじ」というのが「seriously」と翻訳されても、ニュアンスなどは伝わるはずがない。

彼女たちが、柄にもないこういう悪態言葉を口にするとむしろ可愛くなる。しかし、言っている内容は正論である。かつ、次第に相手の気持ちにも寄り添うようになっていくのが憎めない。初めは、「I.D.Z.」を重要なメッセージとして発表したベビーメタルが、それと真逆のようなメッセージを出すことに「あれっ」という感想を持った。バランスを取るための曲なのかとも思ったが、これは「いじめ」ではなく、実際は「叱咤」「激励」であろうと思う。

とにかく、この曲の歌詞全体をズーッと読んでいくと、本当に面白い。このニュアンスをぜひ外国の人に感じてもらいたい。

「ブラック・ベビーメタル」も曲が増えるに従って、どんどん存在感を増していっていると思う。


このアルバムでも二つのスーメタルのソロ曲がある。「No Rain, No Rainbow」はかなり以前からライブで時々歌われている。この曲が一番好きだというサポーターもかなりあるようだ。この曲はベビーメタルの曲の中では、一番愛らしい歌声を聞くことができる。スーメタルがこういうバラード歌をじっくりと聴かすことが出来るということは、そこそこの実力が付いているのだと思う。彼女がメタルのボーカリストとしては世界有数の実力が認められていることは承知したうえでの意見である。

松田聖子が何故スーパースターなのか。数多くのバラードをヒットさせ続け、それらを完璧に歌えるからだと思う。彼女はもうバラードのレジェンドだろう。ジャンルが異なるのでどうだか判らないことではあるが、松田聖子や沢田研二などが、ヒットし出した頃が今のような時代だったら、ひろく国外でも人気を博したのではないかと思う。ベビーメタルは外国の生活の中に日本文化を受け入れる基盤ができていたことが幸運であったのかもしれない。さらに、このベビーメタルの快挙が、後続の我が国のミュージシャンの受け入れをさらにしやすくする状況を作るのかもしれない。ただ、僕の個人的な予想としては、ベビーメタル集団に匹敵するほどのインパクトを世界に与えることができるクオリティを持つミュージシャンは、そう簡単に出てくるものではないだろう。

「Amore - 蒼星 -」は「紅月」の存在を意識した次の曲ということらしい。僕はCDで聴いてみて、喧しい曲だという感想を先ず持った。曲全体のメロディーに惚れこむところも少なかったし、スーメタルの音質もこの曲に至っては喧しい感じを受ける。インスツルメンタルの独奏的部分も「紅月」にあるような重厚と感じるところがあまりなかった。このセカンドアルバムの曲全体が、J-POPよりよりメタル音楽的な進化を意図しているのだろう。他の曲は、確かに良い進化を示しているかもしれないが、僕は、この曲はあまり好きになれなかった。

ネットで見ると、この曲が非常に素晴らしいという勢力と、そうは思わないという勢力に大きく分かれる傾向にあるようだった。

以上の十曲以外の三曲については、今までほとんど聞いたことがなかったが、今、ゆっくり視聴して、感じることを書いておこうと思う。

僕がたまたま買ったCDはEU盤のバージョンだった。この中には、「From Dusk Till Dawn」と「Tales of The Destinies」とが入っている。ところが、普通の日本盤のバージョンでは、「From Dusk Till Dawn」の代わりに「シンコペーション」が入っている。そういうことで、残りは三曲だ。一寸しか聴いていないのであまり言えることではないが、EU盤の二曲は進化の試みは悪くはないように思える。

「シンコペーション」は、東京ドームにおけるライブのDVDで初めて鑑賞した。今まで、全く鑑賞したことがなかった。何度も聴いていくうちに良さが分かってくるかもしれないが、なんだか単調で喧しいとしか感じなかった。ダンスの振り付けも僕には良さが判らなかった。これに比べれば、まだ「Amore」の方がアクセプタブルだ。この曲は曲名が示す通り、シンコペーションのリズムが続いている。演奏もダンスも難解なのだろうが、通してのシンコペーションというのは、普通の観衆にとってはその割にはアトラクティブでないのかなと感じた。「いいね」の時のように部分的にシンコペーションが入ってくる方がインパクトがあって面白い。

「From Dusk Till Dawn」は最も異質でユニークな曲想の曲だろうと思う。これは前衛的な試みであるが、生理的にも悪くないし、好い曲だと思う。

宇宙空間に彷徨っているような映像を創作する映像作家がいるとすると、この曲をBGMに採用すればピッタリという感じがする。クラシックのジャンルにある組曲「惑星」も良い曲らしい。これは百年前に英国のホルストが作曲している。この「惑星」よりも「F.D.T.D.」の方が、宇宙の印象音響としてはより進化していると思う。まあ、最近のシンセサイザーの技術なら、そう難しいものではないのだろう。ホルストの言い分を述べておくと、「惑星」のインスピレーションは天文学ではなくてローマ神話だそうだ。

「Tales of The Destinies」はいろんな要素のリズムがどんどん入れ替わって進行していく様は圧巻だ。ボーカルもインスツルメンタルも難しい曲だと思う。曲の途中で転調があったり、三連符や六連符をふんだんに挟んだり、挙句には四小節の短い間だけジャズピアノも楽しめる。僕は、今までの曲の中で最も粋な曲だと思うし、かなりのレベルの曲に仕上がっていると思った。

そして、この「Tales of The Destinies」の最後の方では、スーメタルが「……我らが the destinies」と歌い上げると、急に緩徐なリズムに変化して、ピアノだけの旋律がしばらく続いて曲が終わる。この旋律はこのアルバムの次の曲である「The One」の基本メロディーを先取りしたものになっている。この曲が終わったら、絶妙の短さの休止に引き続いて、先程の軽快なピアノとはうって変った重厚なサウンドの「The One」演奏が始まるものだから、演出として圧巻といえる。ただ、「The One」の曲は重厚なサウンドが永遠に続くかのように長いので、CDでは往々にして飽きてくる。

ネットで調べると、「Tales of The Destinies」のような趣向の曲は、プログレッシブ・メタルの典型らしい。「前衛的」「先進的」ということだ。「先進的」という態度は以前からの蓄積であるクラシック音楽も取り入れる度量があるらしい。しかし、このジャンルは現在に至るまでは、全般的には劣勢であるらしい。僕は、メタルについては最後まで素人でいる他ないが、後述するような前衛的クラシック曲の試みの選択の一つと表裏一体になりうるのではないだろうかと思った。

4　ベビーメタルの音楽から思うこと

ここで、クラシック音楽のことを他山の石として触れてみたい。現在も世界各国に音楽大学があって、作曲家のコースがある。世界全体で考えると、毎年、多数のクラシックに素養がある作曲家が生み出されている。しかし、興行の面からクラシックというジャンルを考えると、世界中で観客を呼べる演奏会は、ほとんど例外なく、今でもメインイベントは古典派音楽の交響曲であり、あるいはせいぜいロマン派の時代のものかそれに近い時代のものだ。現代音楽が演奏会のメインイベントに入っていることはあるが、少ない。客を呼びにくいのだろう。

このことについては、後でも書こうと思っているが、要するに「頭でっかち」で音楽理論をひねくり回しても、メロディーやリズムや音響が生理的に美しいと感じるところがないようでは、広くは受け入れられることがない。マニアックな人においてはこの限りではない。しかし、マニアックなポピュレーションはどのジャンルでも少数派だ。因みに、もともとメタルの愛好者も少数派だ。

ということで、ベビーメタルの今後の作曲については、心身が生理的に受け入れ難いような方向に走り過ぎると、大方の支持が得られなくなると危惧している。しかし、同じような曲想のものばかりであっては、作曲者も芸術家としては満足感が得られないかもしれないし、大方の側も「マンネリ」だと非難し出して、興行的にも悩ましくなるかもしれない。この辺のところが難しいのかもしれないが、逆に思案のしどころかもしれない。

僕の考えは、新しいアルバムには、常に、七割は従来から支持を受けている曲想のものを入れておき、三割は先進的ないし実験的な曲を入れておけばよいと思う。これが五割を超すと、その結果は厳しくなると思う。

そこで、現実に、二番目のアルバム（METAL RESISTANCE）の組合せを見てみると、将にこういう感じになっていると思える。つまり、今後もこういうスタンスを守って、曲を作っていって欲しいと思う。ただ、アルバムを数多くリリースするという場合は、全て先進的な曲をまとめるアルバムがあっても良いはずだ。

メタル音楽には実に素晴らしい側面があることが、今までのベビーメタルの業績によって、僕を含めて多くの門外漢の人々が知るようになったと思われる。ベビーメタルがメタル音楽として成功しているのは、独りよがりな態度ではなく、音響・リズムなどに高水準な蓄積があるといわれているＪ‐ＰＯＰや、その他のジャンルの音楽の良いと思われるところを積極的に取り入れているからだと思う。これを、例えば先ほどのプログレ・メタルなどというようなメタルという「国籍」に縛られることは良くないと思う。

実は、「国籍」などはどうでもよいことだが、敢えて、ベビーメタルはどの「国籍」なのかというと、Ｊ‐ＰＯＰという幅広いジャンルの方で好いと思う。しかしながら、僕自身がベビーメタルという芸術集団に出会って良かったと思う点は、前にも述べたように、作詞・作曲・振り付け・演奏・ダンス・ボーカルのいずれも一流なところが良かったが、何といっても、僕にとっては、メタルのサウンドには素晴らしいところがあったのだということを知ったことだ。

食わず嫌いだったかもしれないが、喧しいとしか思っていなかったメタルのサウンドは作曲の仕方によってはクラシック音楽に引けを取らない品質があることが、僕には分かったように思う。メタルサウンドは素晴らしい技術であるから、それは多くの音楽のジャンルに進出すればよいと思うようになった。だから、メタルというローカルではなく、ユニバーサルに侵略していってよいのだと思う。そういうことを考えていた僕は、平成二十八年の暮れになって、百年近くも停滞している作曲としてのクラシック音楽はメタルサウンドを取り入れることで、進展が得られるのだろうと思った。もう、そうなっているのかもしれない。

5　メタルサウンドの効果

メタルについて僕はあくまでも素人なので、ここで偉そうなことを述べるというのではない。ただ、僕が個人的に感じたり考えたりしたことを書いておきたい。

特に、スーメタルのこと。昨今までのネットでの書き込みの中では、実力者として認められていて、歌唱力・ダンス力・八頭身美人であることなど、やっぱり唯一無二なんだ、という意見が大方になっている。僕がよく見ているところはベビーメタルのサポーターの多いところなので、これらの意見を鵜呑みにするわけにはいかない。そういう僕のスタンスを示したうえで、僕個人としてはこれらの意見の多くに同意する。

しかし、中元すず香において、アミューズのさくら学園で「重音部」というような企画がもしなかったらどうなっていたのだろう。当面の歌手としての身の振り方といえば、ミュージカル歌手を目指すというのは別に置いておいて、ソロのアイドル歌手を目指す、アイドルグループのメインボーカルを目指す、将来はバラード歌手のようになりたい、というくらいだろうか。多分上手くいかなかったと思う。まあ、存在感を示していた「オーバー・ザ・フューチャー」の進化した程度だろうと思う。彼女の元の仲間のその後を見てみるとミュージシャンとしてはなかなか難しいことが分かる。すず香が最初にコバメタルの目を引いた時点でも、まだまだ進化の始まりの程度だったはずだ。

あの重厚なメタルサウンドをバックにした真っ直ぐな発声というパターンだったから、今の成功があるのだと僕は思う。ただ、その役割を果たせることができるボーカル&ダンスの人材は、そうあちこちに散らばっている訳でもない。すず香の才能があったから上手くいったのだろう。しかし、中元すず香が他のジャンルの音楽をやっていたら、今の大スターにはなっていないと思う。大スターといっても、可笑しなことに、日本の茶の間においては無名の方に近い。メタルのサウンドは劇的な状況を作ってくれる。そして、メタルのバックの中では通りの良い声でストレートに歌い上げることがフィットするし、それを続けているうちに、発声が鍛えられていったのだろうと思う。

例えば、名曲の「紅月」を考えてみる。あの僕を感動させるスーメタルのボーカルもメタルではないバックであれば、それ程は感動しなかったのではないかと思う。

さらに、ベビーメタルのライブにおいては、最後の曲が終わってからも、三人娘がステージを駆け回って、「We are……Babymetal」と叫びあうパフォーマンスが恒例になっている。五回と決まっている。この間、本当に最後まで盛り上がり放しである。この長い間は、ずっと、神バンドのギターとドラムスとが音響とリズムを提供し続けているのだ。この音響は絶大なアゲポヨ効果をもたらしていると思われる。

先に、成り立ちから考えると、コバメタルあってのベビーメタルで、スーメタルあってのベビーメタルと述べたのだが、それはその通りだろう。そして、ここで述べていることは、メタルサウンドあってのスーメタルの成功だと思う。そういう意味でもコバメタルの構想は見事な展開をみせた。

6　ユイメタルとモアメタル

世界にベビーメタルが知られるようになって、最初の頃のネットの書き込みには、「両横の女の子は必要なのか?」という意見や疑問が一部に上がっていた。ユイメタルとモアメタルの二人、つまり、ユイ・モアにおいても、スーメタルにおいてと同様の考察ができると思う。ボーカルの才能においては明らかにスーメタルには叶わない。このユイ・モアがアイドルグループの一員になっていたとすると、その後はどうなっていたのだろう。ある程度は目立つ存在になったかも知れないが、埋もれていた可能性は少なくないと思う。

他方、ユイ・モアのいないベビーメタルを仮想してみると、スーメタルが独りで重厚なメタルバンドのバックサウンドのもとで、歌って踊っている。音響としてはほぼ問題はないだろう。というのは、今のベビーメタルにおいても、全部が生声ではなく、それぞれのボーカルの一部のフレーズを先取り録音しておいて、オーディオ・ミクスチャーの技術で生声の音に加えている。ユイ・モアのスクリーム・パートはそういう技術でカバーできるだろう。

結論を言うと、今とそう違いがない音響で勝負をしても、メタルバンドと一人だけのボーカル&ダンスでは、今の圧巻のステージの迫力が半減以上の淋しさになってしまい、とても世界に勝負できるようなものではない。世界で勝負するには、米国人や欧州人ではないという商業的にハンディキャップのある日本人だから、断トツのパフォーマンスが必要だ。結局は、多くのメタルバンドのように、何となくマニアックなバンドの一つという印象以上のインパクトは発揮できていなかった可能性がある。

ところでユイ・モアのダンスの凄さについてはよく語られるが、スーメタルのダンスは勝るとも劣らないキレがある。特に、結成当初は、ユイ・モアはスーメタルのダンスのレベルを目標に頑張ったのだと思う。また、当初は、生来的にユイメタルのダンスの能力はモアメタルを上回っていたようだ。そういう書き込みが多かった。モアメタルは相当頑張ったのだろう。努力は報われることが多い。その努力を賞賛しよう。

可愛らしい三人が、ハイレベルのボーカルとダンスを精一杯し続けているステージを観ても、何も感じない人たちはどういう感性の人たちなのかと不思議に思う。そういう人の数の方が圧倒的に多いことについては、是非もないというほかはない。

ただ、このことを解析すると、「kawaii系の女の子が歌ったり踊ったりしている」という画面を見た途端、「アイドル路線のユニット」だとパッと頭の機能が決めてしまって、クオリティについての評価まで辿り着けないのだと思う。今の日本のテレビ界というか、エンターテインメントの世界の現状では仕方がない点でもある。ただ、僕の場合は、そのクオリティについては直ぐに気付いた。

たまたま、あの頃のさくら学院の十数人の中にこの三人が在籍していたのも運が良かった。その頃の同じ仲間にも人材がいたはずだが、組合せの妙ということで、やはり、他の選択はなかったのだろう。具体的には、スーメタルの両横に位置する二人については、同じ背丈で、スーメタルよりは小さくなくてはならない。当初、外国の人たちから、「双子なのか?」との質問があるほど二人の体格は似ており、ともに可愛かった。

とにかく、米国ビルボードのホームページの紹介記事においても、「こんなアメージングなステージは見たことがない」と言わしめているし、多くの内外のプロフェッショナルなミュージシャンが同じような感想や評価を明らかにしている。この三人娘の容姿・ダンス・ボーカルの組合せの妙は奇跡だと思う。

7　スーメタル

僕は、以前から、「ベートーベンという人物が、この世にいてくれて人生が豊かになって良かった」というような気持ちを持っている。音楽だけに限っても、いろんなジャンルの作詞作曲家や歌手について、そういう気持ちがある。家族や友人との係わりと同じようなものだ。人生とは、そう思ったりしながら、そのうちに死んでいくのだろうと思っている。ベビーメタルという芸術集団のサウンドや映像は、高品質でダイナミックなものであるが故に、特に「生きているうちにこういうパフォーマー集団に出会って良かった」という気持ちがある。

ネットの書き込みで知ることとは、スーメタルが世界のメタルのボーカリストについての投票でトップテン以内に入っているとか、三位になっているが実はどうのこうのとか。あるいは、日本での女性アイドル歌手の歌唱力で一位になったとか。こういう話になってくると、「そもそも彼女は、アイドル歌手なのか」とか「彼女をメタル歌手と認めるのか」という「国籍」認定の問題に戻ったりするので、煩わしいことになってくる。

僕は、音楽や舞台パフォーマンスにおける才能についての順位付けなどは、所詮は無理な話だと思っている。歌手としての才能についてどうのこうのという話でも、ジャンルがいろいろあるので、比較してもしようがない。自分が「彼女が一番だ」と思えば、それで好い。他のサポーターにそれを押し付けようとすると不適切なことになる。愛好者の間で「彼女のここは好いね、あそこも良いよ」とやっておれば、それは幸せで好いだろう。そのうえで、今までの書き込みに触発されて思ったことがある。

「スーメタルは美空ひばりと比べてどうなのだろうか」というサポーターの期待的な書き込みがあった。

中元すず香は、既に述べてあるように、八歳の時には、ソロやデュエットの歌唱を舞台で歌っている。十二歳の時には「オトシモノ」をステージで歌っているところも動画で観ることができる。しかし、これらは単なる養成学校での発表会に過ぎないと考えられる。

美空ひばりは八歳の時から興行の一座の一員としての舞台を踏み始めているが、メジャー・レコードとしては、十二歳で「悲しき口笛」などでデビューして、十三歳で「東京キッド」と「越後獅子」をリリースして大ヒットしている。この時点で、歌手としての力量に雲泥の差がある。むしろ、童謡歌手ではない美空のような幼い娘が、完成度の高いバラードをもって多くの人の心を捉えたことが驚異的なことだったと思う。しかも、美空はその後、長きにわたって才能を発揮してきた歌手であるので、この期待的な書き込みは「勇み足」だと思う。

美空はその後、ジャズもこなす能力を示したと僕は思うし、名曲「柔（やわら）」のような曲も見事だった。ダジャレのようで恐縮だが、美空ひばりが「柔道」なら、ベビーメタルは「空手」だ。美空は「ジャッキー吉川とブルーコメッツ」が提供する「真赤な太陽」の曲で、グループサウンドのジャンルにもトライして、それなりに評価された。

ただ、僕は、この曲はそんなに評価できなかった。むしろ、ミスマッチな感じが当時からしていた。いくら美空ひばりでも、無理なことは無理なのだ。圧倒的な実績のある美空ひばりが、もしベビーメタルのボーカルを担うことになればどうかと思うと、それは「全然だめ」に違いないと思う。ついでに、森昌子が「せんせい」でデビューしたのが、十三歳の時だった。本当に上手だった。だからといって、十三歳の時の美空ひばりと太刀打ちできるかとか、スーメタルとの比較はといっても空しい。そういえば、天才少女といわれた小林幸子は十歳の時にデビュー曲の「ウソツキ鴎」が二十万枚のヒット曲になっている。

ところで、スーメタルにおけるベビーメタルの曲になってくると、「ドキドキモーニング」は十二歳、「I.D.Z.」は十三歳、「ヘドバンギャー」は十四歳の時だった。そうすると、美空ひばりの初期のリリースと年齢がピッタリ符合する。やはり美空ひばりと比較したい気持ちも、あながち「勇み足」と切り捨てるのも気の毒だ。「I.D.Z.」などはスーメタルのソロ部分が何度も前面に出てくるが、安定度も完成度も高い。あくまでもジャンルが違うことを認識したうえで、美空ひばりとも良い勝負になっているのかもしれない。

美空ひばりが、その卓越した実力は別にして、有利であった状況は、当時の公共のメディアがラジオと新聞だけという状況で、否が応でも多くの国民が、繰り返し彼女の歌を聴くことになった。歌手も今ほどは多くなかったし、ジャンルも限られていた。だから、国民的歌手となりえた。

現在は、ラジオだけでなくテレビも視ない人が増えているし、いろんなジャンルの娯楽もあるし、いろんなジャンルのミュージックもあり、歌手の数も無数に存在する。つまり、音楽も他の趣味も、自分の領域の中で楽しむ時代となっている。特に若者の世代におけるテレビへの依存度や信頼度はニュース番組で下落しているのみならず、エンターテインメントの領域でも落ちている現状だ。

スーメタルの有利な点は、既に述べたように、音楽的にはメタルサウンドとのコラボがあることだと思う。スーメタルのストレートな透りの良い美声も、他の伴奏とのコラボだと、なんだか芸がないようでもあり、飽きられてくるような気がする。僕が思うことは、スーメタルは良い企画の中で成長出来て、超ラッキーだということだ。

世の中には数えきれないほどの美声の持ち主がいる。童謡歌手、民謡歌手、クラシック歌手、ミュージカル歌手、アニソンシンガー、歌のお姉さん、さらには物まね芸人、カラオケで訓練している人たち、のど自慢番組に出演してくる外国人など。実際にテレビで視聴して、凄い人たちは多過ぎる。

ユーチューブで、広島時代の十一歳の時のステージで「明日咲く花」を、十二歳の時には「オトシモノ」という曲を歌っている中元すず香を視ることができる。英国の有名なテレビ番組に「Britain's Got Talent」という子供がステージで歌って審査を受けるというのがある。すず香はこの「オトシモノ」でこの番組に出場している。ユーチューブにその動画がある。審査員がすず香の歌の上手さに驚いている表情を見せているが、これはいつもの演出であるので、本当に驚いているかどうかは判らない。通常はステージで歌うのだが、日本にいるすず香はビデオ出演していたようだ。

この小さい時のバラード的歌唱の程度からは、「天才少女」という程でもなく、素直な歌唱法をトレーニング中のそこそこ上手な少女という程度かなと感じる。むしろステージの上のエンターテイナーとしての資質は感じられるのだった。

中元すず香と姉の日芽香がフィンガー5の代表作の凄い歌「個人授業」をデュエットでカバーしている動画をユーチューブで視聴することができる。小学校三・四学年の頃のアクターズスクール広島時代のものだ。二人ともそれなりにこなしていた。この時点では、二人の歌唱力の差は、もし多少あるとしても、そんなに大きいものではないように思われた。

その後、日芽香は乃木坂46の第一期生として、足掛け六年活動を続けていたが、最近、引退を決めた。秋元康が主宰する多くの女子グループのセールス路線が「素人路線」であるために、普通の意味での歌唱力の向上に向けての個人々々のトレーニングが不十分なのではないかと想像する。歌唱はユニゾンでこなすので、それでも困らないのだろう。しかし、ユニゾンだから異なるユニットが歌っても区別がつかない程に個性がない。日芽香は広島の養成所で訓練してきたダンスも乃木坂46では邪魔な動きと認定された可能性がある。つまり、もし、中元すず香がこういうグループに入っていたら、今頃は歌唱力の平凡なタレントになっていたのではないかと、僕は推測するのだ。

僕は、男性におけるジャニーズ事務所と女性における秋元プロデューサーが日本の若者の歌唱力やダンスの力量の目標水準をいい加減なものにしてしまったと思うし、それに満足するように誘導されてしまった観衆である若者の生活上の価値判断に何某かの影響を与えている可能性を考える。このことはかなり長期間に亘るものであるので、罪深いものかもしれないと恐れている。

振り返れば、昭和三十六年に飯田久彦が「ルイジアナ・ママ」というアメリカンポップスを日本語でカバーしてヒットした。紅白歌合戦にも一回出場している。僕は、当時は小学生の高学年だったが、アメリカンポップスを格好よく歌っていて、新しい息吹を感じていたものだ。

ところが、歌唱や発声が下手というネガティブ・キャンペーンがあって、その後歌手を引退してしまった。僕も、彼が上手いとは思わなかったのは確かだが、アメリカンポップスの見事な伝道者の一人だと感じていた。彼は、その後レコード会社の社長になったりして溜飲を下げたと思われる。

三田明もタイガース時代の沢田研二も歌が下手だと指摘されている風評を子供ながらに聞いたことがある。しかし、現在の実情と比較すると、その当時の歌手はデビュー時でさえ、多少のトレーニングを受けてそれなりのレベルに達していたと思う（三田明は発売日が迫っていたためにトレーニングの期間がなかったというレコード会社の都合に翻弄されたが、その割には歌唱力は悪くなかったと僕は認定している）。

昭和五十五年にジャニーズ事務所の近藤真彦と田原俊彦、その二年後に野村義男がソロアルバムをリリースしている。「たのきんトリオ」としてその後のこの事務所の発展に大きく寄与している。この頃になると彼らの歌唱力の乏しいことなどは問題にならなくなっていた。未成年者が購買するレコードの売り上げだけが評価となっていったからだ。

田原俊彦は一番下手と認識されていた感があるが、「彼の声質には甘い魅力があった」ことと「ダンスでのスタイルと技術が素晴らしかった」。一番地味な感じの野村義男は「ギターの技術は一目置かれていた」。一番の人気を誇った近藤真彦の声質については、当時の僕は、とても人前で歌えるような代物ではないと思っていた。結局、そういうことを問題だと真剣に考えたのは、事務所やファンではなくて、その後の近藤真彦自身だったのかもしれない。

当時、僕の長姉の末娘は中学生だったが、近藤真彦の猛烈なファンだった。マッチの全国のツアーを追っかけ回っていたのだ。その母親も一緒になって回っていた。「変な男の子と付き合う危険がないし、私は賛成よ」と。僕は、「そういう考え方を主張する人もいるのか」と驚いた。


ところで、こういう「素人路線」というのは、プロモーションの一つのオプションだから、積極的に支持するものではないけれど、僕はこれを否定するものではない。最近では、米国のプロモーターなどがＡＫＢ48に興味を持ちだしているという情報もある。現在の事態の問題点は、「素人路線」のジャニーズグループと秋元グループとが席巻し過ぎていることだと思う（メンバーの中にはレベルの高い人たちも含まれていることは認めるが、路線としては「素人路線」と認定されても異存はないだろうと思う）。

こういう路線というものは、日本の文化としては、メジャーになるべきものではなく、一部のオタクが支持するような構図であったのならば妥当なことだったと僕は思う。日本の文化の大きいポジティブな特質は、やはり科学でも芸術でも芸能でも、あるいは生活の中でも、工夫と精進によりその技術的なレベルを維持・向上させるというのが、メインストリートである。それは、マンガやアニメのようなサブカルチャーの業界でも真なのが現状だ。それ以外のパスウェイも必ずあるべきものだが、それが逆転すると愚民になる。こういう芸能の一部やバラエティー番組、特にワイドショーのコンテンツからすると、もう日本は相当に愚民化しているように思う。

サブカルチャーがすなわちオタクでもない。サブカルチャーといわれてきた日本発のマンガやアニメ（今や、もはやサブカルチャーでもないと思われるが）は、芸術性や技術性が高く、それが既に普通の人たちの市民権を得ている。だから、もうオタクでもない。どの時間軸で判断するかにもよる。

ところで、メタルのような音楽は、実際、コンテンポラリーなポピュラー音楽の中では、メインストリートではなくて、適当なニッチの中に位置を占めているので、上手くできていると僕は思う。しかし、ベビーメタルはメジャーになるはずとまでは言わないが、一部のオタクが秘かに支持するというようなものではないと僕は信じている。その根拠は、何度も繰り返している通り、総合的に技術的にレベルが高いからだ。

最近までの我が国における「素人路線」の席巻の間隙を突かれて、K‐POPのようなものに、ある時期、ある程度は席巻されたのだと思う。米国の人たちの一部ではあるが、ベビーメタルのことを女性K‐POPの一部と勘違いしているのがいるそうだ。これは残念なことだ。それ程、K‐POPの存在は米国では多少は知られているらしい。

次女の話によると、Ｋ‐ＰＯＰは歌唱や特にダンスを売りにしているということである。ということとは、それなりのプロ的なトレーニングをしているのだ。加えて、貿易収支の改善のために、韓国政府はＫ‐ＰＯＰの海外への普及を種々の仕組みで支援しているようだ。我が国のフジテレビやＴＢＳテレビなどが電通を通じて韓流ドラマを流すと、回り回って韓国政府筋からの補助金が流入してくるというカラクリがあるとの記事を見たことがある。

最近は、日本でもＥＸＩＬＥと同じプロダクション所属のＥ‐ガールズというダンス＆ボーカルグループの人気が出てきたりして、女性Ｋ‐ＰＯＰの存在意義が減少しているらしい。Ｅ‐ガールズはベビーメタルと同じ頃から活動し始めているが、その構成員はベビーメタルと違って変遷を繰り返している。また、より最近では、ベビーメタルの成功を目の当たりにしたためかどうかは判らないが、若者やプロダクションが、トレーニングを積んだダンス＆ボーカルユニットとかインスツルメンタル＆ボーカルなどのユニットを目指して活動し出している。

ベビーメタル集団の実績としては、数多くの海外ライブを毎年成功させて、次のライブを心待ちにされているほど充分なものだ。今まで、海外にここまで人気を博し続けているミュージシャングループはいなかったのではないだろうか。しかし、この凄さはスーメタルのボーカルの実力の程度だけではとても説明ができない。だから、他の歌手との比較は止めよう。

8　ビブラートとファルセット

以前のことだが、スーメタルの歌が下手糞だという書き込みを見たことがあったが、これはビブラートの技術が低いことを指摘しているのではないかと僕は思った。ビブラートには顎・喉・腹筋のそれぞれを用いる方法があるということだ。ボイストレーニング一般においても腹筋は重要な要素であるので、ビブラートも腹筋で掛けられればそれが好いらしいが、他は駄目というには、音楽のジャンルが広過ぎるとも思われる。

広島時代の中元スズ香の動画を視ると、ビブラートはしないのではなくて、出来なかったのだろうと思う。指導者が将来を考えて、幼い時のビブラートを禁止させていたのかもしれない。アルバム「ベビーメタル」の中の「紅月」の歌唱では、語尾の短いビブラートを用いている。

しかし、曲によってはビブラートは敢えて掛けないということは常識であり、特にベビーメタルの楽曲では音響的に基本的にビブラートは掛けない方がフィットする。また、あの激しいライブでの最中では、ビブラートは誰であっても無理である。

ただ、バラード調が目立つ「No Rain, No Rainbow」をいろいろチェックしてみると面白い。CDアルバムに入っているこの曲においては、ビブラートは少し掛けているに過ぎないが、東京ドームでの「No Rain, No Rainbow」に至って、明確なビブラートを適所において用いていることが判る。控え目ではあるが、良質のビブラートは可能になってきていると思われた。幼少時から腹筋の強そうな印象なので、その気になればビブラートが掛からないはずはないと僕は思う。

美川憲一の「さそり座の女」はカセットの曲に入っていたので車の運転中によく聴いていたことがあるが、彼はこの曲の中で、フレーズの終わり方に以下の三種類の様式を使い分けている。長いビブラートを掛ける、最後までストレートで押し通す、語尾を短く切る。彼の地声も魅力的だ。ちあきなおみのレコード大賞受賞曲である「喝采」でも同様な使い分けがされている。

実力歌手の松尾和子も曲によっては、ビブラートを封印している場合があったように記憶している。このように、意識的に使ったり使わなかったりできるのが力量であろう。

声楽の教育を受けた淡谷のり子は強力なビブラートを用いている。しばしば、フレーズの最初からずっと、強力なビブラートを掛け続けている。やはり、曲によっては、極力ビブラートを掛けないものもあり、やはり自在にコントロールしているようだ。

宇多田ヒカルは、「会話の時も声が揺れている」という書き込みがあった。もしそうなら、歌の中ではビブラートではなく、地声ともいえる。

演歌の歌手のほぼ全員はビブラートを掛けることができる。大抵はフレーズの最後の方で掛けだしている。ところが、中には、もし最後のビブラートを掛けなければ、ロングトーンの音程が一定しないとか、音圧が低くすぎるとかで、素人のようになってしまうような演歌歌手を少なからず見付けることができる。こういう場合は、ビブラートは誤魔化しの道具になってしまう。そういう歌手はビブラート自体も上等とは言えないものが多い。先ずは、ビブラートを掛けないロングトーンが良質の声でないといけない。この点に関しては、スーメタルの声は最後まで音圧もあるし、音程も安定しているように思う。

僕が大学でビオラを始めた時のことを思い出すと、音を出すための右腕の弓の使い方だけでなく、左指で正確な音程を作ることから練習が始まる。先輩を見ていると丸二年も経てばビブラートを掛ける技術が身に付いてくるように、途中から練習しているようであった。ビブラートは良質のロングトーンの音色が出だして、音程が正しくなってからの話だ。主要楽器のバイオリンの独奏で判る通り、ほとんどがフレーズの後半や最後にビブラートを掛けだすことになる。しかし、稀にビブラートを封印するように指示のある楽曲もある。現代音楽には割合多いように思う。

逆にスーメタルの歌が上手いという意見の一つには裏声を用いなくても高音が出せることが関係しているように僕は思った。裏声とファルセットとの異同については、いろんなことが書いてあるので、僕はまだ理解できていない。実際には数種類の裏声の実態ないし技術があるそうだ。現実的には、ほぼ同じ意味で用いている場合もあるようなので、ここではそうしておく。

僕はスピードの「ホワイト・ラブ」のカバーを歌うスーメタルが、裏声のない地声だけで、あの高い音域を実に容易な感じで歌い切ったのを動画で見て、その実力を知った。スーメタルが裏声を使って歌うところを僕は見たことはない。もし、裏声の癖が付いてしまうと、そのうちに地声で出し難くなるのかどうかは僕には判らない。ただ、歌唱力一般の幅を拡げるには裏声の利用も時にはあっても良いと思うが、現在のベビーメタルの楽曲にはフィットしないだろう。

松田聖子でさえ、デビューの時に下手糞だと言われたことがあるらしい。可愛いアイドルはそういう先入観をもたれるのだ。僕からすると、彼女は最初から素晴らしい音質と安定した音程と質の高いビブラートを持っていた。彼女が他の歌手のカバーを歌う動画を視ると、その実力が判る。デビュー当時の頃の彼女が千昌夫の「北国の春」を歌うところをユーチューブで視て驚いたことがある。普通なら出そうにないような高い音を裏声なしで何とかプロ的に歌い切ったのだ。彼女が小坂明子の「あなた」をカバーした動画も見たが、やはり上手かった。他の歌手の大ヒット曲を歌っても存在感を示すのは実力がある証明だ。スーメタルの「ホワイト・ラブ」も将にそうだ。

ところが、この後で、小坂明子自身の「あなた」を改めて視聴し直した。すると、高い音域で「あなーたー」と歌い上げる時は、記憶にある通り、裏声となっている。松田聖子の場合は地声で出し切っている。しかし、この二人の歌を比べると、将にこの部分は小坂の方が好いのだ。その理由は、この部分は地声より質の高い裏声の方が快いのだ。裏声はポジティブな面があると思った。単なる想像だが、松田聖子もスーメタルも裏声を使うパターンを持っていないのではないか。それで押し通すのも立派ともいえるのかもしれない。裏声を大きい武器にしたのは美空ひばりだった。由紀さおりもそうなのだろう。

9　シンガー・ソングライターと「やらされ歌手」

シンガー・ソングライター（ＳＳＷ）は才能があるということで、尊敬される。僕が大学生になった頃の日本のグループサウンドはプロダクションに所属していて、プロの作詞作曲家から曲の提供を受けていた。しかし、多くのフォークシンガーはそもそもはＳＳＷだった。ボブ・ディランやビートルズがＳＳＷの潮流の起爆剤になったのに違いないと思う。ベビーメタルが現在足場を置いている欧州のメタルの領域では、ＳＳＷではないミュージシャンを「やらされミュージシャン」と蔑む連中がいるらしい。ネットの情報を見ていると、そのようだ。最初、ベビーメタルが海外に進出しだした頃に、こういうネガティブ・キャンペーンが見られた。

僕の結論を最初に書いておく。大多数のＳＳＷの現実は、自分の思いや詩的な心持を頼みに作詞をするが、駄作が多い。そして作曲の方も然りである。メタル音楽はほとんど聴いたことがないので想像でしかないが、多くの音楽は、そのミュージシャンの思いがいっぱい詰まっているかもしれないが、メロディーはどうなのか、リズムはどうなのか、音響はどうなのか、という僕の感性と哲学からの疑問がいっぱいだ。そもそもその歌詞というのは公開するに恥ずかしくないレベルの詩や文章なのかという根源的な疑問がいつも存在する。

かぐや姫や風のメンバーだった伊勢正三は「22才の別れ」や「なごり雪」という僕の大好きな名曲を作詞作曲している（編曲者は別にいる）。財津和夫は「心の旅」や「サボテンの花」という名曲を作詞作曲している。しかし、残りのどの曲もこれくらい素晴らしいかといえば、そうでもない。やはり、ヒット曲はそう簡単にはできないのだ。ということは、大ヒットを飛ばしたことのある多くのＳＳＷも大多数の曲は駄作と言うことも可能だ。

伊勢正三の二つの名曲はたまたま最初に作った曲だった。かぐや姫の名曲「神田川」は作詞の依頼を受けた喜多条忠が下宿に帰ってからパッパと書いて、電話口で南こうせつに伝えたところ、こうせつは聞いた瞬間に旋律がでてきたという。南こうせつにとっても，その他の曲はこれほど素晴らしいものはないと思う。しばしば、名曲は神様が与えてくれた感じがするという。

ＳＳＷの多くの「駄作」に対して、「自己満足だけで作っても仕方がない。もっと切磋琢磨すべきだ」と言いたいのだが、実は、本人こそが満足しているわけでもなく、悩み抜いてその程度の曲しか作れないのだろう。名曲かつヒット曲を作ることは相当難しいのだろう。

要は、誰が作ろうとも出来上がったものが素晴らしかったら、それで好いのだ。

こういうことを考えると、ザ・ビートルズというのは偉大だ。

ベビーメタルの二つのアルバムにある曲に、はっきりした駄作はあまりないように思う。捨て曲がない。これは立派だと思う。その作曲者や作詞者がおっさんであっても、それを非難する理由はない。「やらせ」というのは言葉の綾であって、そういう構造で悪いということもない。

それにしても、僕は、ベビーメタルの複数の作詞者は一体どういう人なのだろうという興味でいっぱいだ。中学生くらいの女の子にピッタリのような歌詞をよく思い付くものだと不思議なのだ。それぞれの曲の作詞・作曲・編曲の人々の名前はネットをみれば判る。しかし、○○メタルとか変った名義ばかりがでてくるので、今までの僕の突っ込みでは、彼らの正体やイメージが判らない。作曲・編曲を担当している人たちの多くは音楽大学卒業者ではないかと推測している。


歌謡曲界における昭和の大作詞家だったと評価されている阿久悠は人相からは無骨な感じの人だった。しかし、多くの十代の女性歌手は作詞を提供されて、「どうして、こんな若い女心が解るのだろう」と驚いたらしい。すべて、「やらせ」だ。美空ひばりの曲もほとんど全部が「やらせ」だ。プロの作詞・作曲家でも駄作は多いのだろうけど、並のSSWよりは少ないのだろう。

プロの作詞者や作曲者の方は、曲を提供する歌手の才能や属性を客観的に勘案したうえで、その時代の雰囲気や要請を後追いまたは先取りして、曲想を練るということだ。そうすると、提供先の歌手の力量が低いと、提供する楽曲はどうしても高質なものは出来にくいと思われる。優秀な作詞・作曲者も歌手によって力量を引き上げられる面があるに違いない。化学反応というか相互作用というものだ。大歌手が自分で作った楽曲は必ずしも素晴らしい出来栄えではない。

ベビーメタルの素晴らしい楽曲や振り付けの創作は、あの三人娘の踊って歌っての力量がそれに対応できるから成立していることも事実だ。創作者というその道のプロと、パフォーマーというその道のプロとのコラボレーションだから、プロフェッショナルな作品が出来上がるのだ。

ＳＳＷというのは、創作とパフォームの両方とも最高レベルであるということは確率が大変低いと僕は思う。とはいっても、優れたＳＳＷも少なくはない。今、パッと出てくるのは、井上陽水・谷村新司。忘れてはならないと思うのが、ロカビリーで時代を席巻し、その後数多くの名曲を作曲した平尾昌晃。

僕の好きなＳＳＷの丸山圭子や来生たかお、そして小椋佳などは素敵な曲を素敵な声で数多くの曲を提供してくれた。この人たちについては、僕は好きな声だが歌唱力が凄いとは必ずしも言えないように思う。小椋佳の地声は素晴らしすぎるので、歌唱力云々になじまない。

来生たかおは当時のトップ歌手の中森明菜に「セカンド・ラブ」、実力派歌手の大橋純子としばたはつみに、それぞれ「シルエット・ロマンス」と「マイ・ラグジュアリー・ナイト」の素敵な曲を提供している（作詞は姉の来生えつこ）。しかし、僕は来生たかおの歌声で聴くこれらの曲の方がより素晴らしく感じる。ちなみに、僕はいずれの曲もヒット歌手が歌った曲の方を来生たかおが歌う曲よりも先に慣れていたのにも拘わらず、そうなのだ。作曲者の曲想が実はこうなのだというのがわかるような気がする。しかし、彼の歌声は音圧が低過ぎて、フレーズの語尾はしばしば聞き取り難い。プロの歌手としてはどうかなあと思う。それでも、彼の歌うこれらの歌のほうが僕は気に入っている。

小椋佳の作詞作曲になる「シクラメンのかほり」は実力者の布施明が歌って、レコード大賞を獲得したが、後で小椋佳の歌うこの曲を何度も聴く機会があったが、甲乙付けがたい程にどちらも素晴らしい。

松任谷由実は、日本における最高のSSWの一人ということに反対する人はないだろう。彼女自身が歌う数多くの歌は素晴らしい。しかし、彼女の歌唱力が高いということではない。ただ、彼女は、「私はそんなに下手ではないわよ」と軽く反論しているところをテレビで見たことがあった。

僕は、彼女の作った「卒業写真」や「中央フリーウェイ」という曲は、たまたま初めは実力者歌手との定評があるハイファイセット時代の山本潤子のカバー曲を聴いて楽しんでいた。ワイフが持っていたカセットテープを車で何度も聴いていたのだ。その後随分経ってから、改めてオリジナルのユーミンの歌として沢山聴くようになった。どちらも素晴らしいが、僕は、結局は、ユーミンのこれらの曲の方がより好きになった。山本潤子の歌声は実に素晴らし過ぎるというほどのものと思うのだが、僕にとってはユーミンの歌声の方にドラマの臨場感を感じるし、そして彼女が主張していた通りで、彼女の歌声は好いのだ。そうすると、山本潤子の声はやや無機質に感じるという解釈も可能になってくる。そういうことなどをあれこれ考えると、特に広い意味の歌謡曲というものは、歌唱力という物差しだけで優劣が決まるわけではない。

スーメタルがどれくらい歌が上手かという関連のユーチューブでの書き込みの中で、宇多田ヒカルを最近の最も歌唱力の高い歌手の三本の指の中に入れている人がいた。僕は、彼女の歌声は魅力的だが歌唱力が高いとはいえないと思う。ＳＳＷとしての彼女への尊敬の気持ちが評価に紛れ込んでいるのではないかと思う。しかし、彼女が歌うそれらの歌は本当に素晴らしいのだろう。それは僕におけるユーミンと同じだ。多くの人がそう思うから、ヒットを成し遂げているのだ。しかし、そういうことと歌唱力とは違う。こういう領域においては、「下手糞」は困るが、必要以上に歌唱力が高い方が、大方をもっと感動させるということでは必ずしもないと思う。

最近のテレビ番組のカラオケ大会で競い合っている出場者を視たら、この人たちの方が多くのプロ歌謡曲の歌手よりも歌唱の力量は上だと判るはずだ。力量よりも感動させる声の質や歌唱法や雰囲気の総体が大事ということだろう。ただ、プロの歌手は先に「持ち歌」という既成イメージを持っているのは強い。

実力者歌手の岩崎宏美の名曲「聖母たちのララバイ」のカバー曲をいくつか視聴したことがある。この曲自体が名曲であるので、ある程度以上の歌唱力がある歌い手が謳うとどれも素晴らしい曲になる。カラオケバトルでの実力者になっている鈴木杏奈という少女が十一歳の時にこのカバー曲を歌っているのだが、岩崎本人には及ばないにしても相当に凄かった。さらに演歌から浪曲までこなすという三波春夫の女性版ともいうべき実力者の島津亜矢のこのカバー曲を視聴すると、完全に脱帽ということになる。あの威勢の良い歌唱が売りの島津はこの曲をバラードに相応しい曲想でしっとりと余力を感じさせながら謳いあげていた。島津の持ち歌といわれても違和感がない程だった。この島津は十五歳の時に演歌歌手としてデビューしているが、他の新人歌手とはレベルが違っていたという。僕の希望としては、持ち歌自体も今後はバラードに転向していってほしいと思うほど、彼女の「聖母たちのララバイ」は素晴らしかった。

多分、多くの演歌歌手はバラードを歌うと上手いのではないかと思うようになった。島津もそうだが、大月みやこはいつも服装も髪型も和装で、演歌しか歌えないような印象を持っていたが、以前、バラードを歌わせると上手くて格好よいことをテレビ番組で視たことがあった。しかし、継続的にある程度のヒット曲を続けることは演歌の方にコミュニティのニッチがあるのかもしれない。ところで、最近の演歌の停滞（と僕は思う）の原因のひとつに作詞作曲者のマンネリがあると思っている。歌手の魅力や個性を引き出せないでいるような気がする。

10　最近までの卓越した女性シンガー

小室哲哉のファミリーの中では最大のスターと思われる安室奈美恵が最近引退することを表明して、ニュースになった。今の時点で、女性歌手に限れば、美空ひばり・松田聖子・安室奈美恵が自分の時代の三大エンターテイナーだと僕は評価している。歌唱力とスター性の両面を考えると、こんなところかなと思う。安室の活躍期間は美空や松田に比べれば短いが、ボーカルとビジュアルにおける存在感は大きかったと思う。

山口百恵は記憶に残る歌手に違いないと思う。最後のほうの曲は実に名曲だった。「いい日旅立ち」も「秋桜」も普通に息を吐くがごとく歌唱しているが、声音は清々しく緻密であり、聞き入ってしまう。何ら力が入っていないようで、最期の頃の美空ひばりのような達人の境地に立ったような趣がある。活動期間も短かったこともあるが、松田聖子とは同列にはできないと思っている。

僕における同列別枠としては、アジアの歌姫、テレサ・テンを挙げておきたい。ジャンルは違うことが分かったうえで、「テレサ・テンがこの四人の中で一番歌が上手い」との独断を書いておこう。安室奈美恵については知らないが、他の三人は他のジャンルの歌手のカバーソングを実に見事に歌うことができることをユーチューブで確認している。特に、テレサ・テンは秀でているように思う。

「氷雨」という僕の好きな歌謡曲がある。昭和五十二年の佳山明生のデビュー曲だ。数年かけて地道な努力で実績を拡げていったが、五年後に大手の芸能プロが日野美歌にこの歌でレコードを出させた。どちらもヒット曲になり、日野は翌年の紅白歌合戦に出場する栄誉に浴したが、レコード売り上げ数で凌駕していた佳山は出場できずに、レコード大賞・ロングセラー賞で多少の溜飲を下げた。最近のテレビ番組でのアンケートでも、この曲の両者における人気は拮抗していた。どちらの歌う曲も素敵だが、僕は佳山の方の曲が断然気に入っている。そういう僕でさえ、テレサ・テンの歌う「氷雨」を聴いて、彼女の代表作と言われても違和感がないと感じた。

さらに、デュエット歌手も入れてもよいのなら、ザ・ピーナッツを選ばないわけにはいかない。

それでは、僕がベビーメタル集団をどのように位置付けているかといえば、少なくとも今の日本の中においては、ベビーメタルというメタルダンス・ユニットと銘打った音楽集団に対する大方の認知度自体があまりにも低いので、その点でまだまだ言及しづらい気持ちを持っている。この認知度という点では、テレサ・テンにはアジアでも及ばないだろう。ただ、アジアを超えた世界におけるこの認知度は、逆転しているように思う。

米国のビルボード誌の総合アルバムチャートで「メタルレジスタンス」のアルバムが三十九位に入ったことは、その時点で一部ではニュースになった。昭和三十八年の坂本九が「上を向いて歩こう」で週間一位、年間十四位にランクインされた快挙に迫るものだということだった。その業績としては坂本九には遥かに及ばないが、ただ、あの時の坂本九よりも今回のベビーメタルの方が「本物」だと僕は思う。

ところで、ビルボードのランキングとかグラミー賞とかについて、あまりまともに考えることはないと僕は思う。サポーターが書いている最近のユーチューブのスレッドでは、こういう賞を授与される期待的な書き込みをよく見掛ける。もし、獲得できれば望外の喜びとするだけで、そうでなければ気にすることもないのだ。

米国人は自分たちが一番と思っているので、他国のことについて実に関心がないのだ。だから、他国のことには実に無知であり、ミュージック・ビジネスに携わっているわけでもない一般人の僕たちが米国でのランキング自体を気にすることはない。ああいうのは米国のドメスティック・イッシューと思うべきだ。国際賞という部門があるにしても、実態はそういうことだと思う。過去にグラミー賞を獲得したミュージシャンでも、実は米国の片田舎のローカルなバンドで、当然のことながら欧州や日本ではそれまで無名だったようなのがゴロゴロしているのではないだろうか。

ベビーメタルは欧州とラテンアメリカとアジアで勝負しておけばよい。そのような国柄である米国での人気は「おまけ」でよい。最近では、その「おまけ」も進展があるようだが、やはり米国人は自分たちが一番だという思い込みがいっぱいの、傲慢で能天気でしばしばお人好しのこともある人たちの国であることを忘れない方が好いだろう。

僕は、ベビーメタルの海外進出の成功に僕のように誇りを抱いている若いサポーターに知っておいてもらいたいことがある。双子の歴史的なデュエット歌手のザ・ピーナッツの実績だ。昭和三十四年にデビューした彼女たちは、坂本九が海外進出したことに触発されて、渡辺プロの渡邊美佐が海外進出をさせようと考えた。その戦略の下で出来上がった名曲が岩谷時子作詞・宮川泰作曲の「ウナ・セラ・ディ東京」ということだ。

彼女たちは昭和三十九年に西ドイツに一カ月間滞在して、その間にテレビの音楽番組のミュージカル・ショーに出演して、十数曲を英語とドイツ語で歌った。これは、欧州のテレビ網でオンエアされて、ドイツとフランスでレコードが発売された。この短期間の間にドイツ語でレコードを発売するまでの努力がどんなものであったのかを想像すると、信じ難い気持ちになる。

その二年後には米国に進出して、ニューヨークで「エド・サリヴァン・ショー」に出演した。その後、ロサンゼルスで「ダニー・ケイ・ショー」に三週の連続出演を果たしている。この番組は国内の歌手であっても、オーディションを受けて初めて出演が認められるというハードルの高い番組だった。出演までの一カ月間は当地でボイス・トレーナーとダンス教師の下で厳しい稽古とリハーサルを受けて、最終の出演許可が出たという。

僕の母親は何事にも我慢ばかりして家事だけをコツコツして六十六歳で死んでしまった。想い出のほとんどは、小さな家の中や買い物の最中のことしかない。その母親と唯一回、舞台を観に行った記憶を思い出した。僕の小学六年生の頃だったと思うが、梅田コマ劇場で駆け出しのザ・ピーナッツの二人が、舞台の芝居に出演していたものだ。多分、大村崑や芦屋雁之助の一座の芝居だったと思う。その時の素人のような伊藤エミとユミが、その後大スターになるとは誰も想像できなかったはずだ。

このザ・ピーナッツの、快挙ではあるが涙ぐましいともいえる先駆的な海外進出と比較すれば、ベビーメタルの海外進出は、「楽ちん」だ。海外に進出するという時点では「楽ちん」だという意味だ。それは、需要と供給との関係であって、ベビーメタルの場合は、平成二十六年の本格的な海外進出の際には、ベビーメタルを生で観たいという熱烈なアジアや欧州のファンが既に無視できない程度にはいたということなのだ。その大きい力となったのは、ユーチューブをはじめとするネット文化の発展に違いない。僕が、このような文章を書くことが物理的に可能になっているのも、ネット情報のお蔭だ。

11　クラシック音楽による外挿作業・交響曲と室内楽曲

僕は、今も詳しいことは判らないままだが、以前にはクラシック音楽にのめりこんでいた時期があった。好きなジャンルは結構限られていて、同じものばかり聴いていたことが多かった。作曲家では、バッハ、ビバルディ、モーツァルト、ベートーベン、ブラームス、ドボルザーク、グリーグ、ワーグナー、チャイコフスキー、あるいはドビュッシー、フォーレなどで、入門者によくあるような愛好パターンだった。

曲の形式としては、ベートーベンの時代以後は、ほとんどが交響曲と協奏曲だった。室内楽や独奏曲はほとんど聴こうと思わなかった。ショパンのピアノ曲は、いろんな機会で聴くチャンスはあり、その都度、さすがに粋で素晴らしいなあと感動していたが、そればかり聴こうとすることはなかった。つまり、僕は管弦楽が好きだった。音質も重厚から静寂までの幅が広く、いろんな楽器による音色を楽しむことができるのが良かった。弦だけとか管だけとかは単純で飽きてしまった。

個人の好き嫌いは別にして、大方向けのクラシック演奏会というものは、現代であっても十九世紀の時代であっても、メインイベントは交響曲のような大きい編成で奏でられる曲が選ばれる（もっと昔は、声楽曲がメインイベントで、管弦楽曲は前座あるいは開演を知らせる合図のようなものだったらしい）。サブイベントの多くは協奏曲のようなものだ。それ以外に、ピアノ独奏会やピアノ伴奏を伴うバイオリン独奏会とか、さらには弦楽四重奏曲などの室内楽演奏会などの小規模な、より嗜好性や専門性の深い催しがある。興行の損益は別にして、チケットの売り上げ枚数から見ると、大方向けの演奏会の方が圧倒的に多いはずだ。

何故そうなるのか。一曲の中にも音響やメロディーに多様性があるし、その中に劇的な盛り上がりもその逆も含まれ、それらのバイアスが大きくて、感激性を満足させるからだと思う。室内楽曲に比べて、交響曲や協奏曲のような構造の曲にはより情動を大きく変動させて、感激性を満足させる要素がある。

翻って、メタルの方からでなく、Ｊ‐ＰＯＰのジャンルの方から考えてみる。単純な結論を言ってしまえば、ベビーメタルは交響曲的であり、それ以外の多くのＪ‐ＰＯＰは室内楽的だ。この交響楽的なベビーメタルの音楽を、キレキレのダンスをもってステージでやったりなんかすると、これは、チャイコフスキーのバレエ音楽やブロードウェイのミュージカルの総合性や迫力が加わったりして、他のＪ‐ＰＯＰには総合音楽的に、そして興行的に、勝ち目はないことになる。しかも舞台の前で演じている三人は飛び切り可愛いのだ。理論倒れにならないことを祈る。実際の人気は別の要因で動くことがあると言い訳を先にしておく。

今度は、メタルのジャンルの方から考えてみる。これについての結論は、既に何度も述べている通り、多くのメタル音楽は、僕からするとだが、先ずメロディーに工夫がないように思われる。音響も生理的に妥当なものを追求していないように思われる。先に書いたように、シンガー・ソングライター（ＳＳＷ）が作詞・作曲しているだけでは、自分たちの枠をなかなか破れないように思われる。

実は、欧州のポピュラー音楽業界のプロたちには、Ｊ‐ＰＯＰの音楽的な水準は非常に高いという認識があるようだ。そうすると、欧州のメタルやロックのミュージシャンが、試みに日本のコンポーザーに作曲あるいは作詞・作曲を依頼すれば面白いことになるかもしれない。そうすると、クラシック音楽での比喩で示せば、誰もが相手にしそうにない難解な現代音楽が、壮大な映画のテーマ音楽のようなイージーリスニングの曲に化けてしまって、興行的に成功するという目論見になる。ただ、現実にはこういうことは当該のロック・ミュージシャンのアイデンティティーが維持できないだろうから、やはり無理だろう。

ただ、ベビーメタルの活躍の要因を他山の石として注目することから、日本のＪ‐ＰＯＰのジャンルからも、欧州のメタルのジャンルからもベビーメタルを後追いする音楽集団が出てくるかもしれないという考えがある。こういう仮想的な現象こそ、「ベビーメタル現象」というのかもしれない。ただ、ターミノロジーとしてその可能性は認めるが、僕の定義はむしろ、先に述べたように、外国人が日本語の楽曲に雪崩のように興味を持ち出すという希望的現象のことを示している。

いずれにしても、こうなるとベビーメタルの競争相手がどんどんでてきて、大変だということになる。しかし、あの可愛い三人の実力者に匹敵するような組み合わせは日本からでもそう簡単には出てこないだろう。外国からはこの kawaii 人材の補給はどだい無理と思われる諸点がある。ただ、音響性だけでいえば、競争相手が出てくる可能性はあると思われる。

12　ベビーメタル音楽による外挿作業・古典音楽と現代前衛音楽

ほとんど聴いたことのないクラシック音楽の流れの先にある前衛音楽というものについて、無責任であることを自認して議論をしてみようと思う。

クラシック音楽の基礎を学んだうえで作曲法を学ぶ大学のコースの卒業者は、商業的な分野にかなり進出していると思われる。そこには、映画音楽やＣＭソングを含めて、広い意味のＢＧＭ音楽の需要が多いような気がする。流行歌にはプロの有名な作曲家が数多くいるが、音楽の本格的な素養のない人も少なくないようだ。そこで、編曲者という、これこそ本当のプロという仕事がある。こういうところにも需要が多くあると思われる。それらは社会的に成功しているのではないかと思われる。

しかし、成功していないのではないかと僕が思っているのが、前衛音楽の世界だ。僕の少ない経験だけでいえば、たまたま聴いた前衛音楽は、リズムも音響も自律神経を逆なでするような場合ばかりだった。僕は、いろんな領域のことで、つまるところとして、人間の生理に無頓着だったり、自律神経に悪影響を与えるような取り組みは、一部のポピュレーションの共感を得るにとどまるだろう。

古典的な音楽がいつも良いということではない。やはり、音楽も時代とともに変わってきて、その結果、より豊かになった。リズムについては、モーツァルトまでの基本的に八分音符の単純な「キザミ」リズムから、ベートーベンがリズムを解き離した。音階については、ワーグナーに至って、今でも基本となっている音階の枠に拘らない試みをしたために、音符の進行が独特の躍動感となる音楽の創作に成功した。僕は、他の作曲家とは異なるこのワーグナーの音楽の躍動感が大好きだ。つまり、ベートーベンとワーグナーの二人はその後の作曲家に大きい影響を与えたことになる。

しかし、ここまでの進歩は人間の生理的な感覚の許容可能な範囲だった。だから、今でもクラシック演奏会は、この辺りまでの音楽が選択されるのだ。シェーンベルクに至っては、完全に音階の枠を取り払って「無調」の音楽を創作し、ストラビンスキーはリズムの複雑化の試みなどを行った。この二人が現代音楽の始まりのように位置付けられている。僕は詳しくは知らないが、直感として、理論や哲学が先行する「頭でっかち」の人たちだったと思う。これ以後、生理的に受け入れることが難しい曲の試みが広まっているように思われる。

頭脳明晰で、いろいろな新しい試みに挑戦したストラビンスキーは、後年、ベートーベンの曲を聞くことが楽しみだったらしい。

僕は、以前、面白いことを聞いた。曰く、ベートーベンの交響曲のようなものは、作曲法が研究し尽くされているので、それを真似た曲を作曲することはさほど難しい話ではない。しかし、自分たちは芸術家として新しい試みをしなければならないと。

この話がもし本当なら、よく理解できるので、そのうえで提案がある。作曲科のコースを卒業する者は、少なくとも一つのベートーベン交響曲第十一番（ベートーベン交響曲第十番は第一楽章だけのＣＤが存在する）とかブラームス交響曲第五番を書くことだ。一楽章でも好い。それは一人前になる前の卒業論文や課程博士論文と同じような意味だ。真似の交響曲をひとつ作るということだ。それから先は、自分の道を歩めばよろしい。画家の世界では、キュービズムのピカソも若い頃はデッサンや模写を数多くしているし、それまでの伝統的な画風の作品もちゃんとこなしている。

当人が言うところの「真似の交響曲」でも、出来栄えが良かったら、大衆は喜ぶと思うし、クラシック演奏会が隆盛になるかもしれない。本人にも達成感が得られて好いのではないか。クラシック音楽とされているものは、もともとはそんなに格式ばったものではなく、現在の若いミュージシャンによるライブのようなものだった。大体は人気が出れば成功だったのだ。モーツァルトの頃までは純粋にエンターテインメントのようであったが、彼が天才であったことと、後に続くベートーベンが数多くの先進的な試みを苦闘しながら進めていったことから、芸術の雰囲気が強くなってきたように思われる。

長らく家族付き合いをしてきたＴＡ家の長女は東京の音楽大学で作曲家のコースを卒業しているのだが、最近話す機会があった。彼女は店などでのピアノ弾きのアルバイトをしながら、作曲の仕事を続けているという。企業や団体からだけでなく個人からの依頼もあるというのが意外だった。彼女はクラシックというジャンルには拘っていないという。

彼女によると、音楽大学のクラシック音楽に立ち位置を置いている人たちがコンテンポラリー音楽（つまり、現代音楽）というと、それは前衛音楽をさすことになるそうだ。そして、前衛音楽に本格的に取り組んでいる人たちは、結局は大学で教職を得てそういうことに専念できる立場でないと、なかなか生活が成立しないということだ。アナロジーとして、理学部・数学科の研究者のようなものだと僕は思った。

ところで、前衛音楽に悪戦苦闘している本格的なクラシック作曲家は、メタルの重厚な音響を取り入れてはどうかと思う。「そういうことは百も承知だ」という返事が返ってくるような気もする。メタルの音響といっても、ボーカルは別にするのか別にしないのかは別にして、ドラムスとベースギターとギターとサウンド・ミキシングによるシンセサイザー音や前取り録音の挿入だ。サウンド・ミキシングにおいては、むしろクラシック音響がメタル音楽やロック音楽に随分前から利用されている。ビートルズも将にそうだった。

逆に、現代的なシンセサイザーをクラシック曲に応用した歴史も古い。冨田勲は日本のこの領域の先駆者で、残念ながら最近死亡されている。NHKの多くの大河ドラマの素晴らしいテーマ曲を提供したことで、一般によく知られている。米国のビルボードにノミネートされたことがあったように、世界的な評価を受けていた。その後も、オーケストラとシンセサイザーの共演というのも珍しくはなくなっているらしい。

そういう状況で、僕の提案はエレクトリック・ギターとドラムスの音響システムでクラシック音楽と同等のジャンルの楽曲を作るということだ。オーケストラをこの音響で補強するのではなくで、この音響システムだけでオーケストラの代わりを為すという考えだ。個々にクラシック楽器を足したい時で、シンセサイザー音では満足できないという場合は、本物のクラシックの楽器を足せばよい。その妥当性を検証するために、ベビーメタルの楽曲で編成する交響曲もどきを試みてみると面白いのではないかという考えに至った。

13 「ベビーメタル交響曲」という楽しみ

ベビーメタルの曲の中で、僕は四つの曲を特に素晴らしいとして選んでいる。それらは、「I.D.Z.」「紅月」「いいね」と「R.O.R.」だ。僕は「ドキドキモーニング」も大好きだし、「Tales of The Destinies」も素晴らしいと思うし、その時の生理的な状況によって、好きな順位も変わる。

僕は、ベビーメタルの楽曲はJ-POPというジャンルとすると、シンフォニー的な特質があるJ‐POPのようだと考察するようになった。平成二十八年の年末には「もし、ベビーメタルの各曲を組み合わせて交響曲を作るとしたら、どの曲をどういう順番ですれば好いかな」という考えが浮かんで、このことで遊んでみようと思った。そして、この四曲を適用すると上手くいくようだと思った。

結果的に、最初のアルバム「BABYMETAL」の中から選ぶことになった。僕のお気に入りの「R.O.R.」の曲は、正式にはセカンドアルバムの曲だが、最初のアルバムにも「オマケ」として収録されていた。通常は四楽章を選ぶとして、第一と第四は存在感のある曲で、第二は緩徐な曲で、第三はテンポに少し特徴のあるものを選んで、気分を少し変える、という基準を考えた。

最終的には、「I.D.Z.」→「紅月」→「いいね」→「R.O.R.」の順番と決めた。相当考え抜いたが、他の素晴らしい曲も「交響曲」という指定からは、この四曲を差し置いて選ぶことはできなかった。

この四曲を合わせると、演奏時間は二十一分となった。ベートーベン交響曲第八番で二十六分程度。それと比較してもやや短い気もする。田園交響曲は例外的に五楽章で成り立っているので、「いいね」と「R.O.R.」の間に「ドキドキモーニング」を入れるオプションも再度考えたが、やはり「ドキドキモーニング」は交響曲には相応しくないと思って、断念した。

これらの曲がソナタ形式に似た構造であるかどうかについては、「これが第一主題の呈示部で、あれが第二主題の再現部だ」などの解析は、慣れない僕には能力を超える作業になるので、検討しないことにした。以前、行進曲集のレコードアルバムを聴いていた時に、多くの曲がソナタ形式に近いものであることを知った。放っておいても、このくらいの長さの楽曲を作曲する時には、ソナタ形式に近くなるのではないかと楽天的に考えることにした。ロマン派音楽時代までに作り上げられた音楽の構造は、大方の人間の生理的な受容体の許容度からは完成されているような気がする。

各曲のソースについては、音質の良さからCDアルバムとすべきだと思う。しかも、ライブ録音の場合は、しばしばスーメタルが観衆を煽る掛け声が入ってくる部分があるので、これは不適切になる。ただし、第二楽章は後で理由を述べるが、イントロだけはCDをソースにせずに、武道館ライブのDVDをソースにすることにした。

◇第一楽章

「I.D.Z.」の音響性の卓越した素晴らしさは強調してもし過ぎるということがない程だ。この曲のイントロは、最初はピアノによって、次はスーメタルの声によっての緩徐で穏やかな流れの旋律が奏でられる。そもそも、第一楽章のイントロがすべて勇ましいのではない。僕の大好きなベートーベン交響曲第四番の穏やかな第一楽章のことをイメージして、この曲を選んだ。その後は、どんどんサウンドが盛り上がってくるので最適だと思った。しかし、この曲の終わり方は最終楽章でもピッタリのようだ。それで、ライブのエンディング曲に選ばれることが多い。

◇第二楽章

「紅月」のイントロはCDやライブによってそれぞれ異なっている。CDの場合は、七小節のイントロの旋律は軽いタッチのギターだった。これは交響曲としては何となくお粗末のように感じた。武道館ライブの時には、ピアノによる八分音符の清々しい短い旋律に置き換わっていて、これが粋で素晴らしいと思った。その後の多くのライブでは、このイントロの前に別のイントロが加わって長くなっており、冗漫な印象を否定できない。ライブの時はそれで好いとしても、今の試みにおいてはかえって具合が悪いと感じた。それで、この曲だけは武道館ライブのバージョンのものを選択すれば好いと考えた。

ただ、曲の途中でインスツルメンタルだけが前面に出てきて演奏する部分の曲の構成は、武道館ライブの時よりもＣＤの場合の方が素晴らしいと思うので、変更するのはイントロだけにしたい。

このことからでも気付くのだが、ベビーメタルの楽曲は楽器がボーカルのバックを奏でるという単純な図式ではない。楽器が前面に出てくる場合の演奏は、まるでバイオリン協奏曲において、楽章の最後のバイオリンの独奏部分のカデンツァのような名人芸の披露のようになっており、カデンツァ的であるからこそ、この部分の曲の構成がライブによって異なっているのだという解釈を持ってくることができる。つまり、バックサウンドはこの部では協奏曲の独奏楽器に相当する立場になっている。つまり、交響曲の試みといっても、もともとのベビーメタルの楽曲には協奏曲や合奏協奏曲のような要素を含んでいるように思われる。さらにいえば、こういう演奏状況は複数の楽器からなるロックやメタルを含む多くのコンテンポラリー・ミュージックには取り立てて珍しいことではないのだろう。

◇第三楽章

「いいね」の曲は必ず選びたいと思っていたが、消去法的に第三楽章にはめ込んだ。普通は、第三楽章のテンポはそれほど速くなく、最終楽章の方がむしろピッチが速いパターンも少なくないが、今回の選択はかえって全体のバランスとして良いと思う。超高速のイントロＩにおいて、キーボードの音色がメタルバンド音や会場の騒音にかき消されないＣＤでないといけない。しかし、ＣＤでもキーボードの音が小さすぎるように感じる。ただ、この曲にはデスボイスが目立つ部分があるのが気に入らない。それにも拘らずにこの曲を選択したいほど素晴らしい楽曲だと思う。

第二楽章が終わったら、間髪を入れずにこの第三楽章が始まることが求められる。

◇第四楽章

僕としては、今のところ、最終楽章は「R.O.R.」以外には考えられない。この楽曲が長い壮大な音響のイントロから始まることを考えると、前の第三楽章が終わった後には若干の刹那の時間を経た後で「満を持して」演奏を始めるという形が好いように思われる。そして、最後は劇的なフィナーレで終わるということになる。

早速、この順番でこれらの四曲を流して視聴してみることにした。この文章を書いている最中のことだ。この少し前の時点から、執筆が実体験に追い付かれてしまっている。身繕いをしながら、期待と不安の気持ちでもって聴きはじめた。「聴いているうちに、アドレナリンなどのカテコーラミンが次第に快い勢いで分泌されてきて、最終楽章の曲が終わった時には大いなる充実感が得られた。

この短い作業中に確認できたことは、やはり曲を聴く順番というのが重要だということだ。加えて、先に述べたように、セカンドアルバムの「Tales of The Destinies」から次の「The One」への引き継ぎの際の、各曲間のポーズの長さが重要だと気付いた。音が出ていない時も音楽の最中なのだ。前の曲の終わり方に応じて、次の曲の始まるまでの刹那の時間の最適さがあるように思えた。こういうことはその筋においては常識であることは判っているが、改めて実感したということだ。

クラシックの交響曲の場合に、第三楽章が終わるや否や、間髪をおかずに最終楽章に突入する場合が結構多いようだ。このことにより、クライマックスへの緩みのない階段を駆け上がり始めることができる。また、メンデルスゾーンのバイオリン協奏曲においては、第一楽章が華やかに終わっても静寂は訪れずに、ファゴットが通音を控え目に流している。それから次第に楽器が重なってきて、その中で、第二楽章の主題をバイオリンが弾き語り始める。この部分はロマン期の耽美的な旋律の極というべきものだ。僕は恥ずかしながら、この楽章の独奏バイオリンによる主題再現部で痺れてしまう。ベートーベンの田園交響曲においても、判らない間に第三楽章から第四楽章に入り込んでいる。

このベビーメタル交響曲の試みにおいては、スーメタルの声もユイ・モアの声も、純粋に音としての機能だけが本質であり、台詞の意味という属性は可能なら無理にでも捨てておきたい。楽器としては、現実にエレクトリック・ギターという弦楽器とシンセサイザーがあるのではあるが、スーメタルの声は、第一バイオリンに相当する機能を果たしていることが判ったように思った。こういう観点から、あらためてスーメタルの音声に注目すると、大変素晴らしい音色だ。ユイ・モアは第二バイオリンとしておこう。

こういう思考を進めると、このベビーメタルという疑似オーケストラの特徴は、ビオラ・チェロ・コントラバスの低弦楽器がアンバランスな程に強力な音響を出すことを売りにしているという言い方ができる。さらには、トロンボーンやチューバのような役割も果たしているように思われる。

日本語がほとんど判らない多くの外国人の観衆にとっては、実際に、ボーカルの音は純粋な楽器の働きをしていると言いうるだろう。だから、むしろ、外国の人の方がより純粋にベビーメタル・サウンドの良さの本質を認識していると信じられる。日本語を理解できる者にとっては、さらに歌詞自身のレトリックや歌詞の意味が醸し出す音響へのエフェクトについても楽しめるのであろうが、それと引き換えに、ボーカルの楽器としてのインプットの密度が減ってしまうかもしれない。

以上のようなことを書いているうちに、問題点に気付くことになった。クラシック音楽というものは、作曲された楽譜が原点であって、それを元に具現化された数多くの同様の楽曲が長く人々に愛されているものだ。指揮者や演奏者が変わると、解釈や技法や演出などに従って曲想はある程度は変わろうというものだ。しかし、いずれもプロフェッショナルなレベルでの差異である。

しかし、ベビーメタル交響曲とかなんとか言い出したら、特に、スーメタルの音響を他のボーカルが担当したとすると、なかなか楽曲のレベルが維持できなくなるか、維持できても声質の差が違い過ぎて違和感を覚えるかもしれない。そういう観点からは、ベビーメタルの楽曲はクラシック音楽ということだけでなく、現代のスタンダードナンバーにもなかなかなりにくいような感じがする。

とにかく、「ベビーメタル交響曲」の試みを楽しんだが、このターミノロジーがいい加減すぎるという批判者に対しては、もっと妥当な、「ベビーメタル組曲」という無難な言葉を用意している。その間を採用して、交響的組曲「ベビーメタル」でも好いだろう。

因みに、僕の大好きな曲に、交響組曲「シェエラザード」というのがある。シェエラザードというのは、千夜一夜物語の語り手で、ササン朝ペルシャの王に夜毎に冒険談などの話をする妻であるという物語の設定だ。この曲はあまりにも標題音楽的であるので、そういうカテゴリーとなっている。ところが、作曲者のリムスキー・コルサコフ自身は「交響曲第四番」として聴いてもらおうとして、各楽章の標題を初めは付けようとしたが、最終的には付けなかったようだ。レコードのジャケットには、第一楽章：海とシンドバッドの船、などの標題が書いてあるが、これは結局後年の人が付けたということになる。

ということは、「ベビーメタル交響曲」でも差し支えないということになる。

14 「メタルレジスタンス交響曲」の試み

ほとんど聴かないでいる二枚目のアルバム「METAL RESISTANCE」も、この書き物を始めたために何度か聴くようになった。そうすると、次第にその良さが分かるようになってきた。それで、このアルバムの曲からもう一つの交響曲の試みは駄目なのかなという気持ちが出てきた。

この試みをする気にさせた契機は、このCDアルバムを聴いていた時に、「Tales of The Destinies」がそのまま「The One」に移行しているという点に興味を持ったことだった。前者の曲の最後には後者の曲の主題旋律が先取りされている。因みに、新世界交響曲では第一楽章の旋律が第四楽章に「後取り」されている。とにかく、この二曲はこの順番でまとまりを成すということだ。ビートルズのアルバムにもそういう構成を見ている。そうすると、他の二曲を加えると、同じように四楽章の交響曲ができることになる。この二曲の曲想からすると、第三楽章→第四楽章という以外には選択肢がないと感じた。「The One」の曲の終わり方はテーパリング的で、威勢よく終わらないのでどうかなあという思いも出てきたが、こういう場合もあって好いだろうということにした。そういえば、チャイコフスキーの交響曲第六番「悲愴」

の終わり方はまさしく荘厳性を保ちながらフェイドアウトしていくパターンだ。

次に、第一楽章と第二楽章の選択の作業になる。本来なら、第一楽章には「R.O.R.」も相応しいはずだが、既に「最初の交響曲」の最終楽章に選択してしまっている。その結果、第一楽章は「From Dust Till Dawn」で、第二楽章は「No Rain, No Rainbow」に一旦決めかけたが、後者はあまりにもバラード的なボーカルなので、音響としては相応しくないと考え直した。

「一番目の交響曲」の時に比べて、適切な候補が少ないように感じられた。そのうちに「Amore」を第一に、「From Dust Till Dawn」を第二とすることで何とかなるという気持ちになった。ということで、「Amore」→「From Dust Till Dawn」→「Tales of The Destinies」→「The One」の四曲となった。この四曲の合計演奏時間も二十一分となった。

当初は、無理やり選択して並べたという感じだったが、このように出来上がってみて、通して聴いてみると、この「二番目の交響曲」も案外と素晴らしいと思えるようになった。「一番目の交響曲」は古典派的な交響曲の装いを保っているようで、当初から僕にとっては文句なしだった。「二番目の交響曲」はロマン派以後の前衛的な雰囲気を持つ交響曲に進展したということに気付いた。こういう観点からすると、この「交響曲」の第一楽章はオーソドックス的な感じの「R.O.R.」ではないことの方が好かったことになる。

僕は、最近はクラシック音楽をほとんど聴かなくなっている。好き嫌いの問題ではなくて、残りの人生でやり残していることが多くて、交響曲などをじっくり鑑賞するという心的状況ではないのだ。しかし、実は、だらだらとテレビのバラエティ番組に時間を取られているのだ。俗人とはそういうものである。

それで、従来なら交響曲のようなものを聴こうかなという生活の流れになってきた時には、この一年間は、実際に「ベビーメタル交響曲」や「メタルレジスタンス交響曲」をクラシックの交響曲代わりに鑑賞している。こちらの方は聴こうとするのに邪魔くさくはなくて、聴いた後の高揚感は非常に満足すべきものとなる。ただ、楽曲の特徴からして、じっくり傾聴するという感じでもない。だからこそ、現在の僕の心的状況では聴こうとするのに邪魔くさくないのだろう。

そういうことで、「ベビーメタル交響曲」や「メタルレジスタンス交響曲」というまとまりでベビーメタル楽曲を鑑賞することを、多くの人々にお勧めしたいと思う。

15　ベビーメタルの近未来

　このエッセイのようなものを書こうと思ってから一年半かかってしまった。もう直ぐ、平成二十九年も終わりに近くなった。この年は、八月二十九日に一回だけ「ゼップ大阪ベイサイド」というユニバーサル・スタジオ・ジャパンの直ぐ傍の小さいライブハウスで「銀キツネ祭り」というライブの観客になった。ちなみに、このライブは、ゼップ名古屋と東京ドームに続く僕の三回目の経験だったが、「六十歳以上と小学生限定の二階指定席」が設けられたので、この中では環境が一番良かった。小学生は保護者の同伴が許可されていた。百人ほどの指定席の大方は埋まっていた。幅広い年齢のサポーターにも門戸を開く姿勢を示されたが、僕には大変有難い。二階席はステージからは距離があるので、遠景を楽しんだだけだったが、舞台を見下ろす視線なので、一階の後方よりは明らかに素晴らしい。一階の立見席の前列の整理券を入手するためには、半日以上並んでおかないと駄目のようだが、このライブでは高齢者はこの選択はできないようだった。

　ところで、僕は、今年になってからは、以前ほどはベビーメタルの音楽やネットの記事に係わらなくなった。この一年間は、自分自身の生活の変化への適応に多少の精力の投入が必要であったこともあった。しかし、たまにＣＤやＤＶＤでベビーメタルの音楽を聴いたり視たりすると、その都度以前と同じように、そのクオリティを確認できるし、「アゲポヨ」な気持ちになることができる。

そういう訳で、この一年間は今後のベビーメタルの予定や方向についての、深くコミットしている人々の情報を何も知らない状態だ。以下のことは自宅の自分の部屋の中で独り考えただけのことだ。

要するに、今のままのパターンで今後どれほどの期間活躍してくれるのだろうか、というサポーターとしての期待ないし懸念がある。歌詞の内容を今までよりも幼くない方向にもっていけばまだまだこのパターンで続けていけることも期待できる。世界を今まで以上に席巻するには、時間的にもうひと頑張りが必要だと思う。

そして、前向きなこととして、ユイ・モアにボーカルの役割をもっと果たすようにする時期が来たと思われる。この場合は、力量的には第二・第三のソロとしては荷が重いのであろうか ら、二人でのユニゾンでのソロで十分だ。つまり、音響的には、ユイ・モアはスクリームとユニゾンでのソロの両方を担えば好い。そして、今後の作品の何割かにはさらに斬新な変革のある作曲の試みをしておいて欲しいと思う。

また一方、「今までの実績でも十分過ぎるというものだ。彼女たちが新しい道にそれぞれが向かうようになったら、それも興味深いことかもしれない」という考えは、彼女たちの個人的な立場を斟酌すれば成り立つだろう。しかし、プロダクションの立場とか、この集団の成員の立場とかからは、別の考えが成立していても当然だろう。僕としては、まだまだ今のメンバーのままのベビーメタルの活動を続けて欲しい。

当面の話としては、もう少しは作品数を増やしておいて欲しいと思う。まだまだ素晴らしい楽曲を楽しみたいと思うからだ。さらに、将来、彼女たちがベビーメタルを引退した後は、僕は、ＣＤでクラシック音楽を楽しんできたように、ベビーメタルの楽曲を視聴するのだろうから、アルバムが多いに越したことはない。

謝辞

僕の音楽を楽しむ幅を拡げてくれた人たちの一部ではあるが、ここにそれを記して謝意を表したい。

光岡茂明兄（幼少時におけるいろいろな音楽の紹介）
故上野重治先生（クラシック音楽への導入）
故吉岡章二君（ポピュラークラシックの紹介）
村井　隆君（ビートルズ音楽の紹介）
外村聖一先生（ナツメロ歌謡曲集の提供）
光岡由紀子（松任谷由実と松田聖子の音楽の紹介）

僕の幼少時の記憶の曖昧な事柄について、聞きとり取材に何度も応じてくれた中村芙佐子姉にも謝意を表したい。

平成二十九年十二月末日　　著者

光岡 明夫（みつおか あきお）

1973年、京都大学医学部卒業。呼吸器外科・免疫学を専攻。
1978年、京都大学医学研究科修了・医学博士。
天理よろづ相談所病院胸部外科・医員、米国国立癌研究所（NIH）・研究員、京都大学胸部疾患研究所胸部外科・文部教官、兵庫医科大学胸部外科・助教授、京都桂病院呼吸器センター・部長を経て、1991年に八景水谷クリニックを開設。2016年に同退職。
ブログ：ヘルスコラムM（a19m46.blogspot.com）
　　　　意味論コラムM（19a46m.blogspot.com）
　　　　日出づる国考M（19am46.blogspot.com）
　　　　メモランダムM（a1946m.blogspot.com）

Road to BABYMETAL

2018年11月4日　第1刷発行
2019年 1月29日　第2刷発行

著　者　光岡明夫
発行人　大杉　剛
発行所　株式会社 風詠社
〒553-0001　大阪市福島区海老江5-2-2
大拓ビル5 - 7階
TEL 06（6136）8657　http://fueisha.com/
発売元　株式会社 星雲社
〒112-0005 東京都文京区水道1-3-30
TEL 03（3868）3275
印刷・製本　シナノ印刷株式会社

ISBN978-4-434-25144-3 C0095